역사를 읽으면 통찰력을 얻는다
중국역사를 읽으면 중국으로 가는 길이 보인다

21일간의 이야기만화 역사기행

만리 중국사

COMIC VERSION OF CHINESE HISTORY 38, 39

Copyright ⓒ 中国美术出版社总社连环画出版社, 2011; 编绘: 孙家裕; 主笔: 孙轶彬·欧昱荣
Korean translation copyright ⓒ Korean Studies Information Co., Ltd., 2013
Korean translation rights of 《COMIC VERSION OF CHINESE HISTORY》
arranged with LIANHUANHUA PUBLISHER directly.

21일간의 이야기만화 역사기행

만리 중국사

17권 요 · 서하 · 금 / 원

초판인쇄 2014년 2월 21일
초판발행 2014년 2월 21일

글·그림 쑨자위
글 쑨이빈·어우위룽
옮긴이 류방승
펴낸이 채종준
기획 권성용
편집 정지윤, 백혜림
디자인 박능원, 이효은
마케팅 송대호, 정경철, 이행은

펴낸곳 한국학술정보(주)
주소 경기도 파주시 회동길 230 (문발동 513-5)
전화 031) 908-3181(대표)
팩스 031) 908-3189
홈페이지 http://ebook.kstudy.com
전자우편 출판사업부 publish@kstudy.com
등록 제일산-115호(2000. 6. 19)

ISBN 978-89-268-5433-4 14910
      978-89-268-5416-7 14910 (set)

북방 민족들의 대립과 통합

17권 요·서하·금/원

쑨자위 글·그림
쑨이빈·어우위룽 글

만리중국사

21일간의 이야기만화 역사기행

이담
Books

중국은 세계 4대 문명 발상지 가운데 하나다. 중화 문명은 아득히 먼 옛날부터 수천 년 동안 전해져 내려오며 상고上古, 하夏, 상商, 주周, 춘추春秋, 전국戰國, 진秦, 서한西漢, 동한東漢, 삼국三國, 서진西晉, 동진東晉, 남북조南北朝, 수隋, 당唐, 오대십국五代十國, 송宋, 요遼, 서하西夏, 금金, 원元, 명明. 청淸 등의 역사 시대를 거쳤다.

중화 문명은 세계에서 가장 오래된 문명이자 가장 오래 지속된 문명이기도 하다. 중화 문명과 어깨를 나란히 한 문명으로는 고대 바빌론 문명, 고대 그리스 문명, 고대 이집트 문명 등이 있다. 어떤 문명은 중국보다 먼저 발생하고, 또 범위도 훨씬 넓었지만 이들은 이민족의 침입 혹은 스스로의 부패로 인해 멸망하여 결국 기나긴 역사 속에서 연기처럼 사라져 버렸다. 중국만이 세계에서 유일하게 문명 대국을 자랑하며 유구한 역사를 이어 오고 있다.

수천 년 동안 중화 민족은 무엇에도 굴하지 않는 강인한 의지와 과감한 탐구 정신, 총명한 지혜로 웅장한 역사의 장을 엶과 동시에 눈부시게 찬란한 물질문명과 정신문명을 창조했다.

이 책의 편집 제작은 정사正史를 바탕으로 진실하고 객관적인 사실을 전달하는 데 주력했다. 또한 역사를 만화 형식으로 풀어 씀으로써 독자들이 아름답고 다채로우며 생동감 넘치는 장면을 느끼리라 기대한다. 독자 여러분들이 쉽고 재미있게 읽는 가운데 역사를 직접 느끼고 역사에 융화되어 깨닫는 바가 있기를 바란다.

지롄하이紀連海
중국 CCTV '백가강단百家講壇' 강사

북방 민족들의
대립과 통합

　10세기에 중원을 통치한 송나라는 문을 중시하고 무를 억압하는 정책을 펼쳐 변경 지역에 대한 지배력이 약화되었다. 이에 변방의 많은 소수민족이 앞다퉈 세력 확장에 나섰다. 그중 거란, 당항, 여진 세 민족이 각각 요遼, 서하西夏, 금金을 건립했다. 변방의 각 영웅은 끊임없이 전쟁을 일으키며 호시탐탐 중원을 노렸다.

　10세기 초에 홍기한 거란족은 중국 북부에 강력한 왕조인 요를 건국하고 동북아시아를 2백 년간 호령했다. 이에 많은 나라가 조공을 바치거나 신하를 칭하고 부속국이 되었다. 그러나 11세기 중엽 이후 제위 계승 문제와 당쟁으로 나라가 혼란에 빠져 금에게 멸망했다.

　서하(1038~1227년)는 당항족 수령인 이원호李元昊가 건립했다. 초기에는 송의 법률을 모방했고, 이어서 송과 요를 연파한 후에는 송·요·서하의 삼분 천하 구도를 이루었다. 서하는 190년간 존속하다가 칭기즈칸이 거느린 몽고군에 멸망되었다.

　지금의 흑룡강黑龍江 일대에서 발흥한 여진족은 오랜 기간 요의 핍박을 받으며 살았다. 1115년, 여진족 수령 완안아골타完顏阿骨打가 군사를 일으켜 요에 항거하고 금을 건립했다. 금은 요와 북송을 멸한 후 북방과 동북 지방을 통일하고 남송과 장기간 대치했다. 후기에 통치 집단이 부패하고, 동시에 몽고 제국의 끊임없는 침략을 받다가 1234년에 멸망했다.

　원(元, 1206~1368년)은 중국 역사상 최초로 소수민족(몽고족)이 전국을 통치한 왕조이다. 1206년, 몽고는 알난하斡難河에서 테무친을 칸으로 삼고 칭기즈칸이라 칭했다. 1271년에는 원 세조世祖 쿠빌라이가 국호를 '원'으로 고치고, 후에 도읍을 대도(大都, 지금의 북경)에 정했다.

　몽고 철기군은 용맹하고 싸움에 능해 요, 서하, 토번吐蕃, 대리大理, 남송을 잇달아 멸하고 중국을 통일했다. 유례없는 광활한 영토를 보유한 원은 토번(티베트), 운남雲南, 동북 및 남해군도가 통치권 내에 있었고, 여기에 시베리아, 몽고, 미얀마, 태국, 라오스까지 점령해 면적이 지금 중국 영토의 두 배에 달했다. 이처럼 원은 당시 세계에서 영토가 가장 넓고 국력이 가장 강한 국가였다.

　원의 통일은 중국 역사에서 중대한 의미를 지니는데, 원은 당말 이래의 국내 분열과 정권 난립의 국면을 종식하고, 원·명·청의 6백 년 장기 통치의 기반을 수립했다. 또한 원 제국과 아시아, 유럽을 아우르는 4대 칸국은 동서양 간의 교류를 더욱 편리하게 만들었다. 이에 중국과 중앙아시아 및 서아시아 각국은 물론 유럽과의 경제무역과 문화 교류를 촉진하여 유라시아 국가의 문화 교류 및 발전에 지대한 공헌을 했다.

상고 上古		B.C. 약 800만~2000년
하 夏		B.C. 2070~1600년
상 商		B.C. 1600~1046년
주 周		B.C. 1046~771년
춘추 春秋		B.C. 770~403년
전국 戰國		B.C. 403~221년
진 秦		B.C. 221~206년
한 漢	서한 西漢	B.C. 206~A.D. 25년
	동한 東漢	25~220년
삼국 三國_위·촉·오		220~280년
양진 兩晉	서진 西晉	265~317년
	동진 東晉	317~420년
남북조 南北朝		420~589년
수 隋		581~618년
당 唐		618~907년
오대십국 五代十國		907~960년
송 宋	북송 北宋	960~1127년
	남송 南宋	1127~1279년
요 遼		907~1125년
서하 西夏		1038~1227년
금 金		1115~1234년
원 元		1271~1368년
명 明		1368~1644년
청 淸		1644~1911년

요遼 · 서하西夏 · 금金 / 원元

- 916년 야율아보기가 요를 건립
- 936년 석경당이 연운 16주를 요에 헌납
- 946년 요가 개봉을 함락시키고 후진을 멸함.
- 1016년 요가 고려를 침략
- 1038년 이원호가 서하를 건국
- 1044년 요나라가 서하를 정벌
- 1115년 완안아골타가 금나라를 건국
- 1125년 천조제가 포로가 됨, 요나라의 멸망
- 1127년 금나라가 개봉을 함락하고 송의 두 황제를 잡아감.
- 1135년 금 희종의 즉위, 한족 관제 실시
- 1149년 완안량이 쿠데타 후 즉위
- 1153년 금나라의 연경 천도
- 1206년 테무친(칭기즈칸)이 몽고국을 건립
- 1214년 금나라의 개봉 천도
- 1217년 금이 남하하여 송을 침공
- 1227년 몽고가 서하를 멸망시킴.
- 1232년 몽고가 금나라의 원군을 대파
- 1234년 몽고와 송이 연합하여 금을 멸함.
- 1251년 몽케의 즉위
- 1259년 몽케가 조어성 전투에서 전사함.
- 1260년 쿠빌라이가 즉위
- 1271년 쿠빌라이가 원을 건국
- 1274년 백안이 대군을 이끌고 송을 정벌
- 1275년 마르코 폴로가 중국에 옴.
- 1276년 원군이 임안을 점령
- 1279년 원군이 애산을 공격, 송의 멸망
- 1281년 쿠빌라이의 일본 정벌 실패
- 1307년 대도의 정변, 카이산의 즉위
- 1323~1332년 10년간 5명의 황제 교체
- 1351~1368년 원말 농민 기의, 원나라 멸망

차
례

요·서하·금

원

요 · 서하 · 금

요·서하·금

遼·西夏·金

한연휘 韓延徽

요의 개국 공신. 태조 원년에 요의 각종 제도를 확립하여 봉건화 과정을 가속화했다.

이원호 李元昊

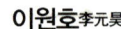

서하의 개국 군주. 뛰어난 재능과 원대한 포부로 송의 신하를 거부하고 서하를 건국했다. 관제, 군제, 법률 등을 제정하고 서하의 문자를 창제했다.

야율아보기 耶律阿保機

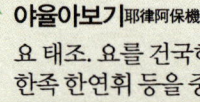

요 태조. 요를 건국하고 한족 한연휘 등을 중용했다. 법률을 제정하고 풍속을 개량하여 거란 문화를 창조하고 농업과 상업 발전에 힘썼다.

야율배 耶律倍

야율아보기의 장남. 박학다식한 유학자로 문화와 예술 방면에서 큰 업적을 이루었다.

야율종진 耶律宗眞

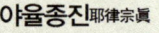

야율배의 손자로 1031년에 제위를 계승했다. 즉위 후 보수화의 길을 걸으면서 국내 갈등이 첨예해졌다.

완안아골타 完顔阿骨打

금의 개국 황제. 각 부락을 통일하고 요를 멸했다. 재위 기간에 황권 강화에 힘쓰고 제도, 형법, 문자를 제정하여 여진족의 정치 · 경제 · 문화 발전에 지대한 공헌을 했다.

공언주孔彦舟
금의 장수. 금룡호위金龍虎威 상장군으로 불린다.

완안량完顔亮
해릉왕海陵王이라고도 부른다. 금의 4대 황제로 걸출한 개혁가이자 정치가, 문학가이다. 재위 기간에 많은 일을 단행해 공과 과가 크게 갈리는 인물이다.

장호張浩
금의 대신으로 무려 다섯 황제를 거쳐 벼슬을 지냈다. 관직은 상서령에 이르렀다.

완안옹完顔雍
금 세종世宗. 금의 5대 황제로 즉위 후 민족 불평등 대우를 개선했다. 송과의 전쟁을 중단하고 내정에 힘써 해릉왕 통치 시기의 폐단을 뿌리 뽑았다. '대정大定 성세'라는 번영을 실현했다.

완안진화상完顔陳和尚
금 말기의 명장으로 몽고에게 끝까지 저항하다가 패해 결국 처형되었다.

곽빈郭斌
곽하마郭蝦蟆라고도 부른다. 여러 차례 전공을 세워 금 애종哀宗에게 중용되었다. 금 멸망 후 고립된 성에서 3년 동안 투쟁하다가 최후의 일전을 치르고 스스로 불타 죽었다.

시대별지도
~ 북송 北宋

요 遼

상경 上京

서하 西夏

연운 16주

흥경부 興慶府

변경 汴京

응천부 應天府

토번 吐蕃

북송 北宋

금릉 金陵

임안 臨安

성도 成都

강릉 江陵

대리 大理

광주 廣州

N
W E
S

말을 먹이다가 발탁된 한연휘

거란은 중국 북방의 소수민족이다. 907년, 야율아보기가 거란의 칸에 올랐을 때 중원은 오대십국 시기였다. 이 중 연나라의 황제가 참군 한연휘를 거란에 사신으로 보냈다.

칸을 뵙습니다!

감히 서서 인사를?!

한연휘, 왜 짐에게 삼궤구고*의 예를 행하지 않느냐?

도도~

* 삼궤구고三跪九叩
세 번 절하고 아홉 번 이마를 땅바닥에 찧는 인사 예절로 금과 청에서 행해졌다.

저는 오랑캐에게 무릎을 꿇지 않습니다.

무엄하구나!

무릎을 꿇지 않으면 말을 먹이는 곳에 보내 버리겠다!

소무라는 사람이 흉노에 사신으로 갔다가 선우에게 억류되어

제 절개를 완성시켜 준다니 감격스러울 따름입니다.

뭣이?! 절개를 완성?

수십 년 만에 고향으로 돌아왔을 때 거리에는 환영 인파로 가득했습니다!

대단했죠~!

나를 속여 풀려 나길 바라나 본데 어림 반 푼어치도 없다!

그…그런 뜻이 아니옵니다.

여봐라, 한연휘를 말 먹이는 곳에 보내라!

예!

소무처럼 절개를 지키는 것은 최고의 영광 이다.

야율아보기는 내가 잔머리를 써 도망가려 한다고 여기는구나.

결국 한연휘는 말 먹이는 궂은 일을 하며 세월을 보내게 되었다.

라라라~♪

19

저자는 낯이 익지 않은데 혹시 적의 첩자가 아니냐?

아~

저 사람은 한족 사신 한연휘예요.

사신이 어째서 말을 먹이고 있지?

누구냐?

무엄하다. 칸의 부인을 보고도 무릎을 꿇지 않느냐!

칸에게 무릎을 꿇지 않아서 벌을 받는 중이에요.

난 칸에게도 무릎을 꿇지 않은 사람이오.

난 또 누구라고~

한 선생, 잠깐 얘기를 나눠도 될까요?

말씀 하시지요.

거란에 오기 전 연나라에서 무슨 직책을 담당하셨나요?

참군이 었소.

그런데 말 먹이는 궂은 일을 하면서도 뭐가 그리 즐거우세요?

슬퍼한들 이런 운명에서 벗어나는 데 무슨 도움이 되겠소.

그저 즐겁게 일하는 게 낫지요.

노자는 "족함을 모르는 것보다 더 큰 화는 없으니 족함을 알고 그것에 만족하면 항상 만족할 수 있다"고 말했습니다.

대인 같은 분이 말을 먹이는 건 엄청난 인재를 썩히는 꼴입니다.

칸에게 용서하라고 말씀드리죠.

네엣?!

한연휘는 재주가 넘치고 절개가 곧으니 꼭 중용하십시오.

그 뻣뻣한 인간?

그는 거친 소와 같아 도통 말이 통하지 않소.

사신은 나라의 존엄을 대표하는 사람이라 다른 군주에게 굽실거려서는 안 됩니다. 그가 그리 행동했다는 건 절개가 매우 곧다는 뜻이기도 합니다.

오호! 부인이 나보다 사람 보는 눈이 낫구려. 한연휘를 중용하리다.

하지만 그가 거란을 위해 일하려고 할까?

선비는 자기를 알아 주는 사람을 위해 목숨을 바치는 법입니다.

그를 예로써 대하면 틀림없이 칸을 위해 목숨 걸고 일할 거예요.

한연휘는 야율아보기의 부름을 받고 자신의 앞날에 대해 고심했다.

인재를 중시하는 명군은 오히려 거란의 야율아보기야.

그가 한족보다 훨씬 나아.

주온이 당을 멸한 후 중원 도처에서 전쟁이 일어나고 있는데 제대로 된 군주는 나타나지 않고 있어.

고심

연나라가 망해 충성을 다할 군주가 죽었으니 거란에 남아 이 한 몸 바치자!

그래, 결심했어!

야율아보기는 한연휘를 매우 신임해 국사에 봉했다.

916년, 한연휘의 주도로 야율아보기는 용화주에서 황제를 칭하고 거란을 건립했다.

폐하, 국사 한연휘가 달아났습니다.

뭐?!

한연휘는 심지가 굳어 내게 무릎도 꿇지 않았는데

절대 날 배신할 리 없어!

남쪽으로 투항하러 갔다 합니다!

빨리 그를 잡아와 처형하십시오!

걱정 마라. 한연휘는 여행을 갔으니 금방 돌아 올 것이다.

네?

핑계를 대고 얼버무리긴 했는데 빨리 돌아와야 할 텐데.

오겠지?

마침내 돌아왔구려!

예, 폐하!

어머니께서 위급하시단 소식을 들어 말씀도 못 드리고 다녀왔습니다.

아, 그랬군.

26

그대가 오래 자리를 비워 정무가 많이 밀렸으니 빨리 처리하도록 하시오.

예!

내 죄를 묻지도 않으시고. 한결같이 날 신임해 주시는구나.

카 안~

짐이 얼마 전 발해를 멸했는데

정복하기는 쉬워도 다스리기는 어렵구려.

거란은 말을 방목할 줄은 알아도 농사를 못 짓는데 발해는 오히려 반대니……

너무 달라~

폐하는 거란의 제도로 발해를 다스리기 어려울까 걱정이시군요.

맞소!

그건 그리 어렵지 않습니다. 서로 다른 제도로 거란과 발해를 각기 다스리면 됩니다.

찡긋—

발해에서는 한족 제도를 사용한다고 들었소.

그럼 발해에 한족 제도에 익숙한 관리를 보내십시오.

태자 야율배가 한학에 정통하니 그에게 발해 통치를 맡겨야겠소.

한연휘는 거란이 번영하는 데 큰 공을 세워 죽은 후에 상서령으로 추봉되었다.

야율배가 야율덕광에게 제위를 뺏기다

926년, 야율아보기는 발해를 동단국으로 개명하고 태자 야율배를 동단국 국왕에 임명했다.

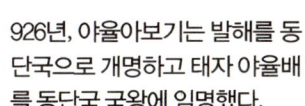

배야, 너는 동단국 백성을 위로하고 나라를 잘 다스려 짐의 애민 정신을 밝게 드러내라.

명심하 겠습니다!

동단국에서 많은 정치 경험을 쌓으면 나중에 거란을 다스리는 데도 큰 도움이 될 것이다.

부황 곁에서 효를 다하지 못해 죄송할 따름입니다.

네 아우 야율덕광과 야율이호가 있지 않느냐.

그래서 더 걱정입니다.

동단국으로 간 야율배는 태자 자리를 빼앗길까 노심초사했다.

황후가 폐하께 태자 전하의 험담을 늘어놓고 있다 합니다.

걱정했던 바가…

모후는 둘째 야율덕광이 태자가 되길 바라고 있소.

부황이 응낙하지 않아 천하병마 대원수에 임명하긴 했지만.

태자 전하, 큰일 났습니다. 폐하께서 돌아가셨습니다!

뭐?

황후가 이미 친정을 선포하고 국사를 처리하고 있습니다.

그게 사실이냐?!

황후가 정권을 잡고 둘째 황자가 군권을 장악해 분명 황위를 노릴 것입니다.

절대 그들 뜻대로 되게 놔둘 수 없다!

급히 도성으로 가 대신들과 연합해 황위를 되찾고 말겠다!

다다다

전하, 잠시 멈추십시오!

도성에 남아 소식을 탐문 하라고 했는데 왜 여기까지 나온 게냐?

황후가 전하를 지지하는 신하를 모두 죽였습니다.

뭐라고?

똑같은 친자식 인데 모후는 왜 날 이리도 박하게 대하는가!

얼른 달아나십쇼. 황후가 화근을 제거하려고 들면 목숨이 위험합니다.

전투에 임해 달아난다면 거란 남자가 아니다. 모후가 얼마나 날 싫어하는지 한번 봐야겠다!

이판사판이닷!

야율배는 죽음을 무릅쓰고 태후를 찾아갔다.

사랑하는 두 아들 중 누가 황제가 되면 좋을지 여러분이 판단해 보시오.

야율덕광

둘째 황자를 지지합니다!

33

다들 덕광을 지지하니 나도 대세에 따르리다.

태자가 어디 가는 거지?

엇?

와, 동작 완전 빨라!

어흐흑

다다다

모후가 이리도 날 배척하다니.

중원 후당(後唐)의 이사원에게 몸을 의탁하자!

하지만 야율배는 얼마 못 가 거란 장수에게 붙잡히고 말았다.

황후마마, 태자를 잡아 왔습니다.

그를 동단국으로 돌려보내라.

예, 마마!

야율덕광은 잠재적 황위 경쟁자인 야율배가 동단국으로 돌아가는 게 내심 불안했다.

동단국은 땅이 넓고 물자가 풍부하며 인구가 많아 태자가 그곳에서 군사를 모집하면……

나도 다 알고 있다고.

35

동단국을 없애고 야율배를 도성에 연금 해야겠소.

동단국

동단국을 없애기 전에 먼저 그곳 백성을 황량한 땅으로 이주 시키십시오. 그래서 모반의 싹을 싸그리 없애야 합니다.

히힛~

난 요동처럼 황량한 곳에 가기 싫어.

하지만 명령에 불복하면 거란이 우릴 죽일 텐데.

이를 어쩐담…

신라, 여진이 여기서 멀지 않으니 그리로 가자!

동단국 백성들이 이주를 거부하고 속속 신라, 여진으로 도망가고 있습니다.

나 참!

그럼 동단국 정권을 그대로 남겨 두시오.

그럴 수 밖에 없겠습니다.

하지만 그렇게 되면 국왕을 남겨 둬야 하니 야율배를 도성으로 부를 방법이 없잖아.

걱정 마십시오. 동단국 도성에 태자를 연금하고 철저히 감시하면 됩니다.

좋은 생각이오!

37

야율덕광이 야율배를 동단국 도성에 연금하고 삼엄하게 감시하는 동안 야율배는 왕계원에게 「건남경비」 비문을 쓰게 하고, 또 서쪽 궁에 서재를 짓고 「낙전원시」를 지으며 자신의 분노를 표출했다.

후당의 명종明宗 이사원은 야율배의 처지를 듣고 편지를 써 몰래 그에게 전달했다.

당에서 편지가 왔습니다.

그래?

후당의 이사원이 날 당나라로 오라는구나.

천하를 아우에게 양보하고도 계속 의심을 사니

차라리 다른 나라에 몸을 맡기고 오태백처럼 어진 이름을 남기자.

이 선택뿐이구나~

38

감시를 피해 겨우 도망쳤어.

이 팻말을 이곳에 세워 내가 어쩔 수 없이 타향으로 떠났다는 사실을 세상 사람에게 알려라!

예!

철썩—

작은 산이 큰 산을 누르니, 큰 산은 아무런 힘이 없네. 고향 사람 보기 부끄러워, 이제 다른 나라로 떠나련다.

아...

서적을 모두 배에 실어라!

여보, 배에 오르시오.

938년, 야율덕광은 거란을 요로 개명했다.

야율배는 비록 황위에 오르지 못했지만 947년에 그의 장남 야율완이 야율덕광 사후 사람들의 지지로 황제에 올랐다.

이원호가 서하를 건국하다

1038년, 송에 계속 신하를 칭하는 것이 못마땅했던 당항족 수령 이원호는 중신들의 지지로 황제에 오르고 서하를 건국했다.

야리인영, 무슨 일로 보자고 했소?

우리 서하가 더 이상 신하를 칭하지 않겠다고 송에 알리는 게 좋겠습니다.

당연하오.

송 황제에게 상소를 올려 짐의 황제 칭호를 인정하라고 요구하겠소.

송 인종은 이원호가 황제를 칭한다는 편지를 받고 펄쩍 뛰었다.

이원호가 감히 황제를 칭하고 이를 승인해 달라고 하다니!

고래 고래

즉시 군대를 보내 이원호 놈을 죽여야 합니다.

이원호가 분명 대비를 철저히 하고 있어서 이기기 쉽지 않을 것이라 사료됩니다.

오육, 짐의 군대가 이원호 하나 이기지 못한단 말이오?

그 말이오?

이원호의 관직을 삭탈하고 그의 목에 현상금을 걸도록 해라!

현명하신 결정입니다!

이원호가 순순히 고개를 숙이면 봐주겠지만

저항하면 가만두지 않겠다.

서하

송 황제가 변방에 방을 붙여 폐하의 목에 현상금을 걸었습니다.

현상금? 웃기는군.

송 황제가 주제 파악을 못 하는구나.

또 폐하의 목을 바치는 사람은 정난군절도사에 봉한다고 떠벌리고 있습니다.

보자보자 하니 사람을 물로 보는구나. 내 꼭 쓴맛을 보여주고 말리라.

43

우리가 송과 횡산을 경계로 동쪽 인주에서 서쪽 원주까지는 산세가 매우 험준하오.

연주, 부주 일대만이 지세가 평탄해 싸울 만합니다.

영명하십니다, 폐하!

연주지주 범옹이 무능하다 하니 그부터 손을 쓰자고!

연주

큰일 났습니다!

무슨 일인데 호들갑이냐?

서하 군대가 연주로 쳐들어옵니다.

우리 연주는 군사력이 약해 서하의 상대가 안 된다. 폐하께 빨리 구원병을 보내 달라고 청해야겠다.

후덜덜~

45

그런데 이원호는 연주성으로 바로 쳐들어가지 않고 사신을 보내 서신을 전달했다.

이원호가 무슨 꿍꿍이지? 싸움은 안 하고 화친하자는 편지를 보내고.

참 이상하네요. 최근 서하 병사들이 우리 진영으로 귀순하러 오는 것도 그렇고.

아리송~

우리 송의 은택이 사방에 미쳐 우리와 싸우는 건 무모한 행동임을 깨달은 게지.

또 자아도취에 빠졌구먼.

귀순한 서하 병사들을 금명시에 안치하고 잘 대우해 줘라.

이원호의 화친을 받아들이려고요?

구구절절이 화친을 원하는 편지를 보냈으니 당연히 받아들여야지.

범옹이 짐의 지연 공격 계책을 눈치채지 못한 데다 우리 병사를 금명시에 안치했소.

금명시는 연주와 가까워 그곳을 점령하면 연주도 손에 넣을 수 있습니다.

금명시를 기습해 항복한 사병들과 안팎으로 호응하여 송군을 박살내자!

금명시

金明씀

돌격!

운제를 타고 성을 공격하라!

와—

한편 범옹이 이원호의 화친 제의에 흡족해하며 안심하고 있던 그때……

날씨 조오타~♬♪

큰일
났습니다!

무슨 일인데
이리 허둥
대느냐?

이원호가
연주의 외곽인
금명시를 점령
했습니다!

뭐? 이원호
는 내게 화친을
청했는데

어째서
금명시를 공격
한단 말이냐?

금명시의
장병들은 뭘
하고 있었단
말이냐?

금명시에
안치한 서하
병사들이 반란을
일으켰습니다.

이원호가
연주성 아래까지
쇄도해 들어
왔습니다!

뭐?

연주를 사수하라. 절대 서하에 빼앗겨서는 안 된다!

너는 빨리 경주로 가 부연로 부총관 유평, 석원손에게 구원을 청하라!

예!

급히 구원 온 송군은 이원호에게 대패했다. 그런데 마침 큰 눈이 내려 연주 공격이 어려워지자 이원호는 하는 수 없이 군대를 물렸다.

이후 군대를 정비한 서하는 여러 차례 송을 공격해 대승을 거두었다.

정말 화가 나 미치겠소!

조정에 이원호를 이길 장수가 하나도 없단 말이오! 그가 직접

위수에서 장안을 공격하겠다고 말했소.

50

이원호를 막아 내지 못하면 언제 변량까지 쳐들어올지도 모를 일이오.

여이간, 좋은 방법이 없겠소?

너무 염려 마십시오. 상황이 그렇게 비관적이진 않습니다.

서하 진영

장기간 전쟁으로 서하의 국력도 이미 쇠퇴했습니다.

이원호가 퇴각하지 않으면 그의 제위도 위태롭습니다.

금년에 식량, 비단, 베, 찻잎이 귀해 가격이 급등했습니다.

왜 갑자기 이런 일이?

이제 다 됐는데…

송군이 아군에게 대패하면서 변경의 무역시장을 봉쇄해 버렸습니다.

이 물품들은 다 송에서 생산되기 때문에……

물가가… 휴~

이런! 군사적으로는 송에 이겼지만 경제적으론 진 꼴이구려.

에휴-

이원호는 어쩔 수 없이 송에 사신을 보내 화친을 청하고, 결국 서하의 주인이란 신분으로 송에 신하를 칭했다. 하지만 송의 사신을 맞을 때는 신하의 예를 행하지 않았다.

요와 서하 간의 하란산 전투

1031년, 요 흥종興宗 야율종진이 즉위한 후 자신의 누이인 흥평공주를 당항족 수령 이원호에게 시집보냈다.

누이가 이원호에게 시집 간 후 몹시 울적해하다가 중병에 걸려 세상을 떠났다는 군.

공주님이 병상에 있을 때 이원호는 매일 다른 여자를 끼고 놀았다고 합니다.

천하에 몹쓸… 있어서는 안 될 일이다!!

가련한 공주님, 출가한 지 몇 년이 채 안 돼 돌아가시다니.

이원호의 행동들은 모두 우리 요를 무시하는 데서 나온 것이다!

짐이 그에게 따끔한 맛을 보여 주고 말겠다!

서하가 최근 송과 강화를 맺으려고 한답니다.

짐이 중간에서 이를 방해하면 된다.

송나라 조정

야율종진이 이원호는 탐욕스러운 야심을 가져 그들과 강화해선 안 된다고 말하고 있소.

전연의 맹약 이후 송과 요는 우호 관계를 유지하고 있습니다. 경솔하게 서하와 강화를 맺었다가 다시 요와 전쟁이 일어날지 모릅니다.

전쟁?

싫어…

오육, 반대로 서하와 강화를 맺지 않아 이원호가 쳐들어오면 어찌하오?

해결책 좀…

그럼 이원호에게 서하와 요가 평화롭게 지내면 우리도 우호 조약을 맺겠다고 하십시오.

오—

그러면 서하, 요 모두에게 우리를 공격할 구실을 주지 않을 수 있습니다.

좋은 계책이오!

짐의 가정사에 요 황제의 간섭이 심하구나!

요 황제는 어쨌든 큰처남 아닙니까.

그런 큰처남은 필요 없다!

너나/가져—

그의 누이도 제가 잘난 줄 알고 짐을 마음대로 부리려고 했다.

그대라면 그런 여자와 살 수 있었겠느냐?

신이 어찌…

56

요가 우리 당항족을 무시하고 핍박해

요 국경 안의 당항족이 참지 못하고 들고 일어났습니다.

휴—
첩첩산중

그들에게 본때를 보여 주지 않으니까 당항족을 무시하는 것 아니냐!

폐하, 어쩌 시려고요?

군대를 파견해 요 국경 내의 당항족을 지원해라!

그곳은 요의 영토라 함부로 출병했다간 문제가 커집니다.

뭐가 두려우냐. 한 번은 부딪혀야 할 일이다!

그리고 송과의 담판은 왜 이리 지지 부진한 것이냐. 이런 밥통들!

요가 중간에서 방해하는 바람에 그만……

가증스런 야율종진을 절대 용서하지 않겠다!

서하가 당항족을 돕는다는 구실로 우리 국경을 급습했습니다!

뭣이라?

짐이 직접 서하를 정벌하겠다!

출병이닷─

폐하, 고정하십시오!

이원호가 드디어 갈 데까지 갔구나!

이놈!

송과 서하가 화친을 맺은 지 얼마 지나지 않아 요와 서하는 하란산에서 크게 맞붙었다.

58

돌격
하라!

요에게 서하
의 매서운 맛을
보여 줘라!

와—

아군이 요군
에게 연전연패
하고 있습니다!

어찌된
일이냐?

군대를
거두어라!

속 터져—

서하 군영

송에게 우세를 점했던 아군이 갑자기 요군에게 패하면서 갈팡질팡하고 있습니다.

요의 지원군이 또 나타났습니다!

이러다가는 적에게 패하는 건 시간문제다!

더 큰 손실을 줄이기 위해 요에 화친을 청해야겠습니다.

이원호가 사죄 편지를 보냈습니다.

소혜, 이원호가 패배를 인정했으니 그만 철군합시다.

이겼다~아~

이원호는 속임수가 많은 자라 진짜 투항한 것인지 알 수 없습니다.

그럼 서하군을 계속 공격하자는 뜻이오?

아군이 대승을 거둔 이참에 서하군을 멸하십시오!

좋소. 그대가 선봉이 돼 서하군을 계속 공격하시오.

명을 받들겠습니다!

요군이 갑자기 왜 저러느냐?

요나라 사람은 큰바람이 불면 하늘이 그들을 꾸짖는다고 여깁니다.

그래서 하늘을 우러러 참회하는 것입니다.

와아!

하늘이 우리 서하를 돕는구나!

이 틈을 타 요군을 모조리 죽여라!

와ー

서하는 뜻밖의 행운으로 국경을 침범한 요군을 무찌를 수 있었다.

포로로 잡힌 요군 장병들을 돌려보내고 야율종진에게 화친을 청하라.

전쟁에서 이겼는데 왜 화친을 청합니까?

이해불가

이번 승리는 운이 좋았다. 만일 요군이 다시 침공하면 절대 이길 수 없다.

야율종진은 비록 이원호의 화친 요청에 동의했지만 송의 비웃음을 살까 염려해 요와 송의 경계에 서하군을 대파했다는 공고문을 크게 붙였다. 하지만 진상은 숨길 수 없는 법. 송은 금세 진짜 전황을 알게 되었다.

아골타가 요에 반기를 들다

여진은 요에 종속된 소수민족으로 장기간 요의 핍박을 받았다. 요는 천조제天祚帝 때에 더욱 심하게 여진족을 박해했다.

아골타, 요 황제가 이곳에서 두어연을 연다는데 그게 대체 뭔가?

매년 초봄에 요 황제가 자신을 위해 잡은 첫 번째 물고기로 연회를 여는 것이네.

우리도 두어 연에 참가할 수 있을까?

요 황제가 우릴 초청하겠어? 꿈 깨라고.

아골타, 너는 우리 수령의 동생이라 참가할 수 있을지 몰라.

하긴 형님이 초청받았는데 몸이 안 좋아서 아무래도 날 보낼 것 같아.

두어연에 참가한 후 요 황제의 생김새를 내게 알려 주게. 그의 초상화를 좀 그리게.

초상화는 그러서 뭐 하려고?

다시는 우리 여진족을 괴롭히지 못하게 그의 초상화를 불더미에 넣고 죽으라고 빌 거야!

천조제는 두어연 날 여진족 땅에 왕림해 그들의 춤을 감상했다.

멋진 춤이다!

짝짝짝

여진족이 춤을 잘 춘다고 소문으로만 들었는데

이렇게 직접 보고 나니 짐의 안목이 크게 높아진 기분이 든다!

천조제

너희 대신들의 춤도 보고 싶구나!

매도 먼저 맞는 게 낫다고.

털털털

흥! 나는 절대 춤을 추지 않을 것이다.

휘적

휘적

67

아, 언제 끝나.

어라, 이 여진족은 왜 가만히 앉아 있지?

머리가 달아나는 한이 있어도 절개를 굽힐 수는 없다.

넌 누구냐? 왜 춤을 추지 않는 거지?

난 완안아골타다. 춤은 절대 추지 않는다!

춤 춰!

버릇없는 놈, 입이 너무 뻣뻣하구나.

네 목도 입만큼 뻣뻣한지 보자!

폐하, 잠시만.

뭐냐?

아골타는 완안 부락 수령 오아속의 친동생입니다.

그를 죽이면 오아속이 가만있지 않을 것입니다.

완안 부락은 여진족 중 가장 막강한 부락이다.

그들이 다른 마음을 가지면 골치 아파져.

참자…!

네 형의 얼굴을 봐서 이번만 특별히 용서하겠다.

어서 살려 주신 은혜에 감사해라.

성은이 망극하옵니다!

절대 오늘을 잊지 않겠다!

흥이 깨진 천조제는 서둘러 연회를 마무리하고 돌아갔다. 이로 인해 그는 아골타를 경계하게 되었다.

아골타, 넌 너무 감정적이야.

형님이 연회에 참석했다면 어찌 했겠습니까?

나라면 다른 부락 수령과 함께 춤을 췄다.

이유 없이 모욕을 당하겠 단 말입니까?

자벌레가 기어 가기 전에 몸을 한껏 굽히는 건 더 빨리 그리고 멀리 가기 위해서다.

완안오아속

한순간의 인내가 영원한 굴복을 뜻 하진 않는다. 대장부 라면 몸을 굽힐 줄도 알아야 해.

경청一

형님의 조언 감사 합니다. 이제부터는 그런 실수를 범하지 않겠습니다.

역시 넌 내 훌륭한 아우다!

1113년, 완안오아속이 병으로 죽고 완안아골타가 완안 부락의 신임 수령이 되었다.

종한, 요 황제가 두어연 일로 나에게 앙심을 품은 것 같으냐?

그럼 앉아서 죽음을 기다리지 말고 선제공격을 가합시다!

완안종한

삼촌은 책임 추궁이 두렵습니까?

솔직히 걱정된다.

좋다. 군사를 일으켜 요에 대항하자!

완안아골타는 부락 사람들을 모아 요의 만행을 성토하고 함께 치욕을 씻자고 호소했다.

요가 부녀자와 재물을 약탈하고 온갖 악행을 저질러 하늘과 땅의 분노를 사고 있다!

해동청은 우리 여진족의 매의 신이다. 그것만 함께 하면 반드시 요 황제를 죽일 수 있다!

요 황제를 죽이자!

요나라를 멸하자!

완안 부락이
반란을 일으켜 영강
주까지 쳐들어
왔습니다.

그들의 기세가
아무리 대단해도
실력이 우리를 따라
오려면 아직 멀었다.
반란은 곧 평정될
것이다.

그깟 부족쯤!

해주자사에게
군대를 증원해
영강주를 지키라고
해라! 자, 우린 사냥
이나 계속 하자!

예,
폐하!

요군을 모두
죽여라!

73

화살을 맞고도 아직 살아 있다니!

그럼 한 발 더 받아라!

쭈욱—

으악!

너희 대장이 죽었다. 빨리 항복해라!

여진족이 영강주를 점령한 후, 완안종한의 건의에 따라 아골타가 정식으로 황제에 오르고 금을 건국했다. 아골타는 금의 개국 황제인 태조太祖가 되었다.

금을 개혁으로 이끈 해릉왕 완안량

1135년, 금 희종熙宗 완안단이 즉위했다. 그는 술에 취하기만 하면 함부로 사람을 죽이고 조정 중신들에게 모욕을 주었는데, 완안단에게 모욕을 당해 마음속에 원한을 품은 부마 당괄변은 해릉왕 완안량과 결탁해 희종의 통치를 전복하고자 했다.

당괄변, 황제를 폐위하면 누가 황제가 되어야겠는가?

조왕 완안상승은 황제의 친동생이니 그만한 후계자는 없습니다. 해릉왕의 생각은 어떻습니까?

77

완안상승은 성격이 포악해 그가 황제가 되면 지금과 똑같은 일이 벌어진다.

그럼 조왕의 장자 완안아릉은 어떨까요?

그는 더 자격이 없다.

죄다 안 된대!

혹시 스스로 황제가 되려는 것입니까?

두말하면 잔소리!!

나 아니면 누가 황제가 된단 말인가?

78

대홍국,
너는 황제를 모시는
시위인데 채찍을
맞은 적이
없느냐?

채찍이 문제가
아니라 폐하가
보검을 빼어들고
목을 베겠다고 위협
할 때가 가장
두렵습니다.

어후~

폐하가 술에
취해 이성을 잃으
면 진짜 네 목이
달아날지도
몰라.

대왕께서
제 보직 좀 옮겨
주십시오.

폐하가 전에
완안상승을 죽이고
그의 가산을 완안
아릉에게 상으로
주었다.

며칠 전에는
완안아릉을 죽이
고 그의 가산을
내게 주었지.

다음
차례는 바로
나인데

어찌
널 도와줄 수
있겠느냐?

허 걱!

79

그럼 어찌해야 좋습니까?

앉아서 죽음을 기다리느니 함께 거사를 도모하자!

나와 몇몇 대신은 이미 거사를 치르기로 결정했다. 너는 어떠하냐?

그게……

해릉왕이 이 사실을 모두 발설했는데 거부하면 날 죽일 게 틀림없어.

좋습니다. 저도 가담하겠습니다!

일이 성사되면 네게 큰 상을 내리겠다.

완안량은 정변 날짜를 정한 후 휘하 장수들을 이끌고 궁으로 쳐들어갔다.

제가 침궁
으로 안내할 테니
따라오십시오!

이 늦은
시간에 침궁에는
무슨 일이냐?

후다닥

폐하께서
해릉왕과 긴히
의논할 일이
있다고 하셔
서요.

그렇구나.

들어가
봐라.

쿵쾅쾅

누구냐?

이건 신이 설계한 연경의 배치도입니다.

1149년, 27세의 해릉왕 완안량은 군주를 시해하고 스스로 금 폐제(廢帝)에 올랐다.

완안량은 군신들이 불복할까 두려워 대대적인 살육을 저지르고 냉혹한 정치를 펼쳐 반대 세력을 제거했다. 또 연경을 중도로 이름 바꾸고 그곳으로 천도하도록 명했다.

이렇게 복잡하면 인력과 재물이 너무 많이 들겠어.

금의 영원한 번영을 위해 신이 음양오행에 따라 심혈을 기울여 연경의 배치를 기획한 것입니다.

나라의 영원한 번영은 군주에게 달려 있지, 음양오행과 무슨 상관이냐?

당치 않다!

84

금의 과거제도는 남북의 합격 기준이 서로 다릅니다.

남쪽의 합격 문턱이 북쪽보다 훨씬 낮아 북쪽 수험생들의 불만이 많습니다.

남쪽은 전에 송의 영토여서 현지인의 과거 참여율이 매우 낮네.

합격 문턱을 낮추지 않으면 시험을 보는 자가 적으니……

우리 왕조도 남방 통치에 깊숙이 개입해 이제 과거를 보는 남방 사람이 많아졌습니다.

그럼 이후로는 남방과 북방의 난이도를 똑같이 맞추게.

그런데 과거에 합격한 관원 중에는 꼭 자격 미달인 자가 있단 말이야.

부정행위를 염려하십니까?

그렇다네.

과거 시험장

한족의 과거 중 전시*는 황제가 엄격히 심사 한다던데.

이후로는 우리 왕조의 과거 에도 전시를 추가 하도록 하세!

이번 시험 제목은 '왕업의 어려움'이다. 빨리 붓을 들어라!

음음~

어려워—

* 전시|殿試

과거제도는 초시, 복시, 전시의 단계로 치러졌는데 각 시험을 통과해야 다음 단계의 시험을 볼 자격이 주어진다. 전시는 복시에 선발된 사람에게 임금이 친히 치르게 하던 시험이다.

다 썼다.
이번에는 장원에
합격하겠지.

조가는 아는
문장이 많아 배가
불룩. 미역국만
얼마나 먹었는지,
이번에야 한을
풀겠네.

마침 눈을 감고 황하를
뛰어오르니 지나갈지 못
할지 알겠구나. 시험관은
왕업의 어려움을 빗대
(선발권이 없는) 자신의
입장을 이해해 달라
말하네.

훌륭해~

조가, 네놈이
간이 부었구나.
감히 황궁에
낙서질이냐!

앗, 시험
감독관이다!

폐하 납시오!

폐하를 뵙습니다!

음, 이 시는 정말 재미 있구나.

혹, 네가 쓴 것이냐?

예, 그렇습니다.

문필도 뛰어 나고 담도 크구나. 짐은 이런 인재가 필요하다!

이후 완안량은 법률을 반포하여 과거제도를 격식에 맞게 규범화했다.

또한 관직 개혁, 지폐 발행, 법률 수정 등을 통해 금의 제도를 완전히 탈바꿈시켰다. 이에 그는 여진족 중에서 가장 걸출한 개혁가로 칭송받고 있다.

'작은 요순'이라 불린 금 세종 완안옹

1161년, 완안옹은 해릉왕에 반대하는 세력에 의해 옹립돼 요양에서 황제를 칭하고 연호를 '대정'으로 정했다. 이때 남송을 공격하던 해릉왕 완안량은 군사 반란이 일어나 피살되었다.

그대는 정무를 관장하는 상서령이니 짐에게 인재들을 추천해 주시오.

완안옹은 중도를 공략하고 정식으로 황제에 등극하니, 그가 금 세종世宗이다.

신이 꼭 추천할 사람이 있긴 한데 폐하의 마음에 들진 않을 것 같습니다.

자신감 無

그대가 추천하는 인재라면 짐이 꼭 중용하리다!

바로 흘석열지녕 입니다.

짐이 황제를 칭한 후 몰래 기병해 우리를 공격한 흘석열지녕 말이오?!

맞습니다. 그는 지금 옥에 갇혀 있습니다.

해릉왕 수하 중엔 인재가 많습니다. 그들이 보좌한다면 호랑이에게 날개를 다는 격입니다.

짐이 더 생각해 보리다.

흘석열지녕, 너는 해릉왕의 수하로 짐의 목숨을 앗아갈 뻔했다!

홍, 목을 베든 삶아 죽이든 맘대로 하시오!

짐은 너를 죽이지 않고 임해군 절도사에 임명하겠다.

엥?

그를 풀어 주어라!

예!

?

주인을 위한 너의 충심을 탓하지 않겠다.

너의 절개를 지켜 금나라를 위해 일하길 바란다.

신, 폐하의 중임을 저버리지 않겠습니다!

폐하가 이렇게 관대할 줄이야. 내 꼭 기대에 보답하겠어!

장현소,
평소에는 말이 아주
유창하더니 오늘은
어찌 말더듬이가
되었소?

시…신
장현소 폐하를
아…알현
합니다.

쩔쩔

시…신은
해릉왕의 측근
으로 일찍이 해릉왕
앞에서 폐…폐하의
험담을 했습니다.

그런 일이 있었나?
짐의 머릿속에는
그런 기억이 전혀
없소만……

네?!

그대는 이젠
짐의 호부상서로
열심히 일해
주시오!

서…
성은이 망극
하옵니다!

흘석열지녕과 장현소를 중용하면서 해릉왕의 옛 신하들이 모두 조정으로 복귀했소.

내부 문제는 해결됐는데 이제 대외 문제가 걱정이구려.

송군이 쳐들어올까 봐 염려하는 것입니까?

맞소.

산 넘어 산이오—

송의 신임 황제 조신이 야심이 많아 날마다 중원 수복을 외친다던데……

부랴 부랴

93

뭐라고?

송의 장수 장준과 이현충이 8만 군사를 이끌고 쳐들어와 영주와 숙주를 점령했습니다!

흘석열지녕에게 당장 송군을 막게 하라!

예, 폐하!

1163년, 흘석열지녕이 대군을 이끌고 송군을 맞이했다.

송군을 모두 몰아내자!

와―

이현충,
빨리 투항
해라!

하늘이시여,
왜 우리 송의
중원 수복을
방해하십니까?

흘석열지녕의 활약으로 송군의
북진은 좌절되고 말았다.

전란이 끊이지
않아 백성들이
고통받고 있으니
송과 화친을
맺으시지요.

흠…

지난번 공격
실패 후 송 내부
에서 주화파*들이
득세했습니다.

* 주화파主和派
　전쟁을 피하고 화해하거나 평화롭게 지내자고 주장하는 파.

흘석열지녕에게 송이 우리 영토를 돌려주면 화친을 맺겠다는 편지를 보내라 하시오.

예, 폐하!

송이 해주, 사주, 당주, 등주는 돌려주겠지만 신하를 칭하는 건 거부했습니다.

우리도 성의를 보여 그들의 요구를 들어주도록 하시오.

어찌 송의 황제를 동등한 자격으로 대한단 말입니까?

우리를 삼촌
으로만 부르면
그만이오.

송의 사신이
왔습니다!

폐하, 이것
은 화친 문서
입니다.

매년 은 20만 냥,
비단 20만 필을 바
치고 해주, 사주 등
6개 주를 돌려
주며……

뭐가 이리
많아?

우리 황제는
이미 서명
했습니다.

폐하도 이견이
없다면 서명해
주십시오.

좋다.
짐도 화친에
동의한다!

이 화친은 송 효종 융흥 연간에 성립돼 '융흥 화친'이라고 부른다. 융흥 화친 이후 양국은 40년간 평화를 유지했다.

폐하, 과거
제도를 폐지해
주십시오!

과거에 합격한
사람은 다 문인
이라 일관되게 무를
숭상한 여진족 전통에
맞지 않습니다.

장호, 문신을 등용하지 않은 고대 제왕이 있었소?

있습니다. 바로 진시황 입니다.

짐이 진시황 같은 황제가 되길 바라는 거요?

아닙니다.

짐이 존숭하는 명군들은 다 문신을 중용 했소.

해서 짐은 과거를 폐지하지 않을뿐더러 시험 과목을 늘릴 생각이오.

어떤 과목을 염두에 두고 계십니까?

금의 과거 시험은 모두 한어로 답안을 작성하는데

별도로 여진어 시험 과목을 신설할 계획이오.

여진어 지킴이!!!

여진 문화가 한 문화에 잠식 당하는 걸 막으시려는 것이군요.

갈수록 많은 여진족이 여진어를 쓰지 않아 짐의 마음이 대단히 아팠소.

한의 선진 문화를 배운다고 해서 우리의 전통까지 버릴 수는 없소.

지당하십니다!

여진족은 선비족처럼 절대 한족에 동화돼서는 아니 되오!

금 세종 완안옹은 모든 분야에서 개혁을 이끌어 가장 걸출한 황제로 칭송받고 있다.

송의 이학자 주희*는 그의 공적이 요순, 한 문제와 비견된다고 여겼으며, 후세인들은 금 세종을 '작은 요순'이라고 불렀다.

* 주희朱熹
송의 유학자로 성리학性理學을 집대성하여 동아시아의 사상과 관념에 지대한 영향을 미쳤다.

삼봉산 전투 패배로 금이 멸망하다

13세기에 몽고가 날로 강성해져 북방의 금나라는 점차 몽고의 위협에 직면했다.

1231년, 칭기즈칸의 아들인 툴루이가 군사를 이끌고 변량을 공격하자 금 애종哀宗은 대장 완안합달에게 적군을 막게 했다.

완안진화상, 우리가 여기서 힘을 비축했다가 몽고군을 매복 공격하면 어떻겠소?

우산은 변량으로 가려면 반드시 거쳐야 하는 땅이니 그곳에서 기습하기로 하죠.

몽고군이 우산을 한 발자국도 넘지 못하도록 이 완안합달이 꼭 막고 말겠소.

장군, 전방에 몽고군이 나타났습니다!

매복 대기 했다가 몽고군을 몰살하라!

돌격!

돌진 하라!

금군이 양쪽에서 쳐들어 온다!

헉

와—

툴루이 왕자님, 금군이 목숨을 걸고 싸우는 통에 전세가 크게 불리합니다!

완안진화상이 전에 아군 명장 적노온을 대파하더니 과연 명불허전*이로구나!

이대론 힘들어—

내 꼭 금군을 물리쳐 우산을 넘고 말겠다!

* 명불허전名不虚傳
명성이나 명예가 헛되이 퍼진 것이 아니라는 뜻으로, 이름날 만한 까닭이 있음을 이르는 말.

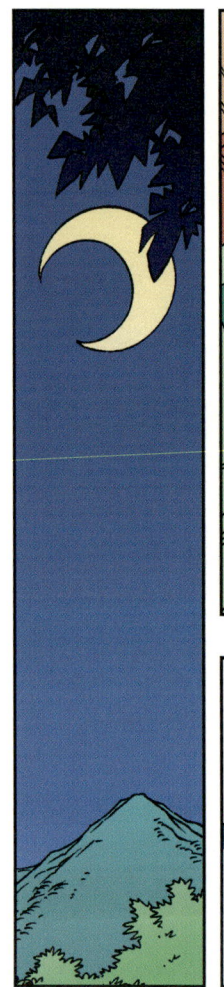

몽고군이 갑자기 사라졌습니다!

뭐라?!

그렇게 많은 군사가 어떻게 사라질 수 있지? 어딘가에 몸을 숨긴 게 분명해.

빨리 수색을 벌여 몽고군을 찾아내라!

예, 장군!

몽고군이 어디에 숨었길래 그림자도 보이지 않는 걸까?

하지만 이는 추측일 뿐이니 대비를 철저히 하십시오.

우리도 힘을 비축해 기습에 대비합시다.

승산이 없다고 보고 몰래 철군한 건 아닐까요?

그럴 수도 있겠군.

다다다

어딜 가느냐?

앗, 몽고군 이다!

불화살을 쏴라!

식량에 부…불이 붙었다!

활~

활~

툴루이가 도망 가지 않고 성 밖 조림에 숨어 있었다니!

으… 분하다!

수색대에게 발각되지 않고 잘도 숨어 있었군!

군량이 부족해 더는 버티기 어렵겠소.

일단 군대를 돌립시다.

툴루이는 우산의 방어를 무너뜨리고 곧장 변량으로 쳐들어갔다.

1232년, 완안합달과 완안 진화상은 다시 몽고군을 막다가 삼봉산三峰山에서 포위되었다.

며칠 전 갑자기 큰 눈이 내려 사병 들이 추위에 떨고 있소.

이런 날씨는 몽고군에게 흔한 일이라 추위를 두려워하지 않으니, 원.

몽고 칸 오고타이가 화급히 삼봉산으로 달려온다 하니 지금 포위를 뚫지 못하면 빠져나가기 어렵습니다.

그럼 큰일 아니오? 시간이 없다. 전군은 즉각 혈로를 뚫어라!

몽고군을 쫓아내지 않으면 우리에겐 죽음밖에 없다!

살고 싶다면 목숨을 걸고 싸워라!

와—

와—

금군의 사기가 높아 당해 내기 어렵겠어.

펄~

펄~

또 눈이 내리네!

안개가 자욱해 앞이 보이지 않는다.

나도 안 보여.

돌격!

툴루이,
내가 왔다!

마침 오고타이
의 군대가 도착
했구나. 함께
출격하라!

툴루이의 공세에 금의
주력부대는 힘도 써 보
지 못하고 궤멸되었다.

완안합달은
이미 죽고 완안진
화상은 행방불명
상태라……

완안진화상이
찾아왔습니다.

그래?

111

우리에게 투항하러 왔나 봅니다.

큭큭

다른 장병들은 모두 죽고 나만 살아남았다.

이에 다들 내가 도망칠 궁리를 하고 있다고 여겼을 것이다.

하지만 난 이렇게 당당히 나타났다. 난 결코 죽음을 두려워하는 사람이 아니다!

안타깝구나. 완안진화상이 내 장수였다면 얼마나 좋았을까.

삼봉산 전투에서 금이 대패하자 남송마저 몽고를 도와 출격하기로 결정했다.

1234년, 금은 몽고와 송 연합군에 멸망하고 119년 역사의 종지부를 찍었다.

금의 마지막 장수, 곽빈의 순국

1234년, 금이 멸망했지만 서북쪽 공주성에는 여전히 금의 깃발이 휘날리고 있었다.

곽빈 장군, 몽고의 왕세현이 사자를 보내 투항을 권유하고 있습니다.

흥!

사신을 쫓아내라!

빨리~

예, 장군!

나 곽빈은 절대 몽고에 투항하지 않는다!

왕세현이 또 사자를 보냈습니다.

뭣이? 또?

이번 달에 그가 사자를 모두 몇 번 보냈느냐?

총 29번입니다.

참으로 성가시게 하는구나. 사신을 한번 만나 봐야겠다.

왕세현이 참 끈질긴 놈이구나!

가서 왕세현에게 전해라. 나는 살아서는 금의 신하요, 죽어서는 금의 귀신이니 절대 몽고에게 항복하지 않겠다고!

오직 금, 금, 금!

다시 한 번 투항을 권유하면 사신이 오는 대로 모두 죽여 버리겠다!

알겠나?!

몽고 진영

왕 장군, 곽빈이 우리 호의를 전혀 모르는구려.

기왕 이렇게 나온다면 본때를 보여 주고 말겠다!

칸에게 군대 증원을 청하고 공주성을 공격하라!

공주성

몽고군이 성을 완전 포위했습니다!

뭐라고?

궁수를 집합시켜라!

발사!

으악!

푹!

푹!

슈一

슈一

슈一

함부로 까불었다간 모두 고슴도치로 만들어 버릴 테다.

헤헤, 자신 있으면 한번 쏴 보시지!

거리가 너무 멀어서 맞혀도 갑옷을 뚫지 못하겠어.

죽일 놈!

겨드랑이에는 보호 장구가 없으니 그곳을 맞힌다면…

내게 맡겨 봐라.

하암!

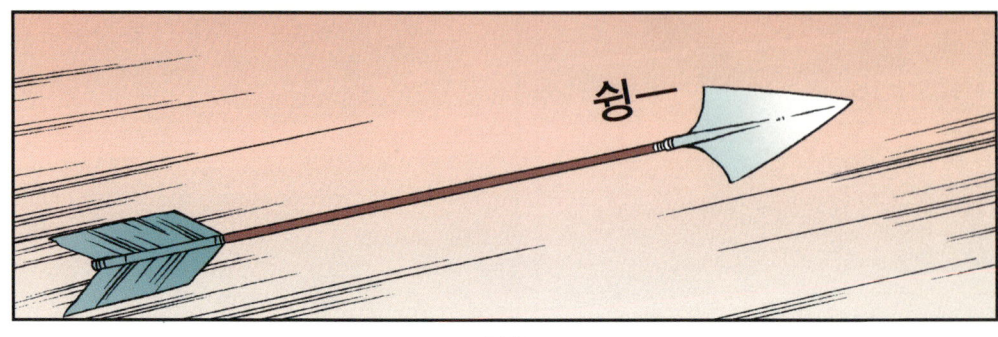

쉿—

118

악!

장군이 죽었다!

하하, 몽고 장수가 내 화살에 죽었구나!

곽빈이 고군분투하며 성을 지켰지만 전세는 점점 불리해져 갔다.

성의 청동기와 철기를 모두 녹여 화포로 만들어라!

예, 장군!

화살은 몽고군을 잠시 물러나게 할 뿐이다. 그들을 격퇴하려면 화포가 필요하다!

쿵쾅!

쿵

사람 살려!

쿵!

120

몽고 진영

그들이 투석기로 화포를 쏠 줄이야!

탕!

그건 금에서 발명한 진천뢰입니다.

겉은 금속 재질에다 안에 화약을 넣어 위력이 상당합니다.

어쩌죠…?

그럼 우리도 똑같이 진천뢰를 만들도록 하라.

몽고군 역시 화포를 제조하여 공주성에 대한 총공격에 들어갔다.

곽빈은 이미 화약이 다 떨어졌다. 돌격하라!

쾅!

쾅!

몽고군이 공주성을 함락하자 곽빈은 모든 장병을 관저로 소집했다.

공주성을 이미 잃었지만 난 순국하기로 결심했다.

살고 싶은 자는 빨리 도망가라! 붙잡지 않겠다.

우리도 장군과 함께 목숨을 내놓겠습니다!

화르륵-

활~

몽고군이 쳐들
어오면 화살을 쏴라.
화살이 다하면 다들
불에 뛰어
들어라!

죽어도
모욕을 당할
수는 없다.

끝까지 싸운다-

슝-

슝-

슝

곽빈이다.
빨리 잡아라!

123

터엉

화살이
없다!

금의 백년
역사가 여기서
끝나는구나!

활~

활~

곽빈은 불속으로 뛰어들어 불타
죽고, 공주성의 단 한 명의 병사
도 적에게 투항하지 않았다.
　곽빈은 회주 사람이었기 때문
에 훗날 사람들이 그를 기념해
회주성을 곽빈성이라 불렀다.

원

원

元

쿠빌라이 忽必烈

원元 세조世祖 칭기즈칸의 손자.
1271년에 원을 건국한
개국 황제이다. 평생
전쟁터를 누비며 천하를
통일한 몽고의 탁월한
정치가이자 군사가이다.

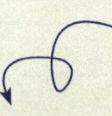

아합마 阿合馬

회족回族으로 원 세조를 도와
재무 관리에 뛰어난 능력을
발휘했다. 하지만 부패를
일삼다가 정적에게
피살되었다.

범문호 范文虎

원에 항복한
남송 장수.
일본 원정 실패 후
파면되었다.

마르코 폴로 Marco Polo

13세기에 이탈리아에서
온 유명한 여행가이자 상인
이다. 그는 중국에서 17년을
유람하고 베니스로 돌아간 뒤
『동방견문록』을 저술했다.
이 저서는 이후 신항로 개척에
지대한 영향을 미쳤다.

황도파黃道婆

황파黃婆 또는 황모黃母라고도
불린다. 송말 원초의 유명한
면방직 기술자이다.
선진 방직 기술과 방직
도구를 널리 전파하여
백성들의 존경을 받았다.

관한경關漢卿

원대 잡극雜劇 작가로
중국 고대 희곡 창작
의 대표 인물이다.
'원곡元曲 4대가'의
으뜸으로 꼽힌다.

석덕팔랄碩德八剌

원의 5대 황제 영종英宗.
인종仁宗의 아들로
반란이 일어나 겨우
21세에 죽었다.

백안伯顔

나라의 권력을
독점한 권신이다.
한족 문화를
철저히 배격했다.

탈탈脫脫

백부인 백안이 권력을 멋대로
휘두르자 그가 사냥 나간
틈을 타 내쫓았다. 이후
정치 개혁에 온 힘을 쏟았다.

시대별지도

킵차크 칸국

원元

오고타이 칸국

차가타이 칸국

화림和林

⊙ 대도大都

변량汴梁

장안長安

원元

건강建康

항주抗州

성도成都

무창武昌

용흥龍興

복주福州

광주廣州

N
W E
S

쿠빌라이가 원을 건국하다

1259년, 몽고의 몽케칸이 급사했는데 생전에 칸위 계승에 관한 어떤 유언도 남기지 않았다. 이에 몽케칸의 동생인 쿠빌라이와 아리부가가 각기 칸을 칭하고 자신이 합법적인 몽고 칸이라고 주장했다.

칸은 아리부가와 칸위를 다투는 데 두 가지 열세에 놓여 있습니다.

첫째, 아리부가는 대다수 몽고 귀족의 지지를 얻었는데

칸의 지지자는 고작 일 칸국의 훌라구뿐입니다.

맞다. 게다가 훌라구는 킵차크 칸국과 싸우느라 날 도울 틈이 없다.

131

둘째, 대부분의 몽고 군사를 아리부가가 장악해서 칸이 동원할 수 있는 군대는 동로군뿐입니다.

솔직히 병력 부족 때문에 골치가 아프다.

하지만 칸은 아리부가에게 없는 우세를 지녔습니다.

칸의 세력 범위는 막남의 풍요로운 땅이라 물자가 풍족합니다.

반면 아리부가가 있는 막북은 척박해 항상 물자가 부족합니다.

객관적으로 쌍방이 각기 장단점을 지녀 한쪽이 절대적인 우세가 있다고 보기는 어렵습니다.

그렇군. 그러나 주관적으로는 내가 더 낫다.

내가 전쟁터를 누비며 숱하게 치른 전투에서 얻은 지모와 전략은 아리부가가 절대 따라올 수 없다!

어딜 감히—

쿠빌라이는 4년여에 걸친 칸위 쟁탈전에서 마침내 아리부가를 물리쳤다.

아리부가가 성을 버리고 달아났습니다.

결국 도망 갔군.

저에게 군대를 주시면 그들을 추격하겠습니다!

아니다. 쫓지 마라!

아리부가는 내 친동생이니 막다른 골목으로 몰아서는 안 된다.

만일 그가 형제의 정을 잊고 권토중래* 한다면……

걱정 마라. 우리가 방비만 철저히 하면 그만이다.

* 권토중래捲土重來
한 번 싸움에 패하였다가 다시 힘을 길러 재차 쳐들어오는 일.

134

북방으로 달아난 아리부 가는 장병들을 학대했고 이를 견디다 못한 장병들이 잇달아 그를 떠났다.

1264년, 궁지에 몰린 아리부가는 하는 수 없이 남하해 쿠빌라이에게 투항했다.

형님!

아리부가야!

우리 둘 중 누가 정의의 군대라고 생각하느냐?

처음엔 저였지만 지금은 형님입니다.

여전히 반성의 기미가 안 보여. 혹여 반란을 꾸밀지도 모르니 소심해야겠다.

주시

한편 몽고인들은 중원에 터를 잡고 나라가 안정됐지만 전쟁에 익숙하던 본성을 버리지 못하고 연이어 말썽을 일으켰다.

내가 앞에 설 거야! 여기 서는 칸이 안 보인다고!

난리 법석

끼어들지 마라!

대체 뭣들 하는 짓이냐?

덤벼라. 누가 무서워 할 줄 알고?

씩- 씩-

날 쓰러뜨리면 네가 내 할아비다!

조정에서 싸움질이나 하고, 무엄하구나!

앗, 저희가 무례를 범했습니다!

이렇게 가다 간 큰일 나겠어. 집법관을 설치해 기강을 바로잡아야겠다.

며칠 후

일동 기립! 난동을 불허한다!

무시무시

집행관이 너무 살벌해······

그러게 말이야.

난 칸을 뵈러 왔습니다.

멈춰라.

처음 보는 일굴인데 혹시 적국에서 보낸 첩자 아냐?

조정 신하가 아니면 썩 꺼져라!

137

빨리
쫓아내자!

사람 살려!
난 고려의
사신이오!

기다려라.
왜 고려 사신을
쫓아내느냐?

방금 일은
정말 미안하게
됐소.

조정이
난장판
이로군요.

뭐라고?
몽고 철기군의
따끔한 맛을
보고 싶소?

아…
아닙니다!

집법관을 설치
했는데 문제가
해결되기는커녕 외국
사신에게 비웃음을
사다니.

나라 꼴이…

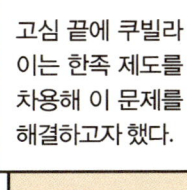

고심 끝에 쿠빌라
이는 한족 제도를
차용해 이 문제를
해결하고자 했다.

유병충*,
한족의 조정
규정에 대해
얘기해 봐라.

예!

황제가 입조할
때 모든 관원이
관직에 따라 계단
옆에 순서대로
늘어섭니다.

하지만 몽고는
계단이 없고 막사
에서 조회를
하는지라
……

그럼
궁궐을 지으
십시오.

초원에 한속
궁궐을 지으면 귀족
들이 분명 볼멘소리를
할 테니까 아예 중원
땅에 궁궐을 짓자!

* 유병충劉秉忠
한족 출신으로 원나라 제도를 개혁하는 데 크게 공헌했다.

가장 번화한 중원 도시는 어딘가?

연경입니다.

천도 후에는 규범화된 조정 의식이 필요하니 이는 그대가 맡아서 제정하라!

그럼 연경에 도읍을 정하고 그곳에 궁궐을 지어라!

명에 따르겠습니다!

그리고 1271년에 눈엣가시 같은 아리부가가 병사했다.

학경, 이제 내 칸의 지위를 흔들 사람은 어디에도 없소.

140

나는 몽고와 한족 왕조를 결합한 새로운 제국을 건설하고 싶소!

어떨소!

한족 왕조는 모두 국호가 있습니다.

그럼 국호를 먼저 정합시다.

국호는 몽고의 불후의 대업과 한족의 전통을 모두 드러내는 것이라야 하오.

한족은 '건원乾元'으로 재주와 덕이 있는 천자를 칭하니 '원'을 국호로 정하면 어떨까요?

원이라……

좋소! '원'을 국호로 정합시다!

맘에 드오―

1271년, 쿠빌라이는 원을 건국하고 원 세조世祖에 올랐다.

1279년, 원의 군대는 남송의 수도 임안을 함락하고 남송을 멸해 천하를 통일했다.

왕저가 간신 아합마를 척살하다

해마다 이어진 전쟁으로 원의 국고는 텅 비고 말았다. 이 문제를 해결하기 위해 원 세조 쿠빌라이는 측근 아합마를 좌승상에 임명해 재정을 관장하게 했다.

아합마, 국고를 채울 좋은 방법을 생각해 봐라.

걱정 붙들어 매십시오. 국고는 곧 차고 넘칠 것입니다.

돈이 되는 품목을 나라에서 독점하면 됩니다.

어떤 품목이 돈이 되느냐?

많습니다. 소금, 찻잎, 술, 식초, 금, 은 ……

해당 품목들을
나라에서 독점
하도록 해라!

기름, 소금,
간장, 식초, 찻잎을
나라에서 전매한 후
가격이 폭등
했어!

금과 은도
나라가 전매해
가격이 엄청
뛰었고

휴, 살길이
더 막막해져
가니, 원.

지폐 한 수레
를 줘야 휴지 한
수레를 살 수
있다고.

우린 나라에
다 빼앗기고 알
거지가 됐어!

이런-

144

장규의 저택

백성들이 생필품조차 살 수 없는 지경이라니.

아합마가 모두 국가 전매로 돌린 탓입니다.

나 장규가 반드시 아합마를 조정에서 몰아내겠다!

저도 꼭 돕겠습니다.

이 간신놈

이 소식은 곧바로 아합마의 귀에 들어갔다.

장규를 비롯한 한족 대신들이 좌승상을 쫓아낼 밀모를 꾸미고 있습니다!

고얀 놈들, 내가 먼저 손을 써 장규의 음모를 무산 시켜야겠다.

당할 줄 아느냐?

황궁

오호!

신이 폐하께 바치는 선물 입니다.

붉은 비단 밑에 무엇인고?

왜 진주 위에 칼이 놓여 있느냐?

146

신이 막 나라를 위해 일할 때는 수염이 검었습니다.

그런데 나라 재정을 맡은 후로 수염이 진주처럼 하얘졌습니다.

지금은 장규가 절 죽이려 한다 하니 제 수염이 비단처럼 붉어질까 두렵습니다!

뭐라고?

걱정 마라. 짐이 꼭 장규를 처벌하겠다!

성은이 망극하옵니다!

얼마 후 쿠빌라이가 장규 등을 불러 호통치자 감히 아합마를 탄핵하는 사람이 없었다.

내 어머니와 아내, 딸이 모두 아합마 이 짐승에게 능욕을 당했네!

내가 분해서 잠을 이룰 수가 없어!

짐승만도 못한…

이에 아합마는 쿠빌라이의 비호를 믿고 권력을 멋대로 휘둘렀다.

진저 대인, 제가 대인의 복수를 위해 아합마를 죽이겠습니다!

왕저, 거란인인 자네가 기꺼이 한족인 날 돕겠다니 정말 고맙네.

정말인가?

하지만 아합마의 시위 무사가 많아 그를 죽이기 쉽지 않을 텐데.

폐하께서 태자를 데리고 순행을 떠나 좌승상에게 대도를 맡긴 지금이 바로 그를 죽일 절호의 기회입니다.

그래?

아합마와 태자의 사이가 나빠 그들 수하끼리는 안면이 없으니

우리가 태자의 시위인 척하고 태자를 보러 오라는 거짓 편지를 전하는 겁니다.

아합마는 태자를 무척 두려워해 감히 고개를 들지 못할 것입니다.

제가 태자로 변장한 후 그가 다가오길 기다렸다가 죽이면 됩니다.

그거 참 묘책이구나!

하지만 아합마를 죽이면 자네도 무사하지 못할 텐데.

나라를 위해 해악을 제거하는데 뭐가 두렵겠습니까!

승상부

태자 전하의 명이오. 좌승상은 중신들을 이끌고 동궁에서 전하를 맞이하시오.

명을 받들 겠습니다!

태자가 갑자기 돌아오다니. 폐하가 안 계신 틈을 타 날 죽이려는 건 아닐까?

불길해

그를 맞이할 때 깍듯하게 모셔 절대 책을 잡히지 말아야 해.

태자 전하 납시오!

태자 전하를 영접 합니다!

149

150

승상이 죽었어!

자객이다! 달아나자!

빨리 자객을 잡아라!

닷새 후

왕저 등을 현장에서 사로잡아 처형 날을 기다리고 있습니다.

내일 그들의 목을 베고 시체를 전시하라!

예, 폐하!

151

아합마, 네 제단에 이놈들의 피를 꼭 뿌려 주겠다!

나 왕저는 천하를 위해 해악을 제거했으니 죽어도 좋다!

다만 나와 거사를 함께한 형제들까지 목숨을 잃어 안타까울 뿐이다.

형을 집행하라!

엉엉,
왕 장사여!

예,
폐하.

패라, 아합마
사건 조사는 진전
이 있느냐?

신이 아합마
집에서 수많은 부정
부패의 증거들을
찾아냈습니다.

아합마가
이런 자였단
말이냐!

분노 지수 상승!

153

아합마는 죽었지만 짐은 절대 그를 용서할 수 없다!

짐이 어찌 처리하면 좋겠느냐?

아합마의 시체를 통현문 밖에 버려 개들에게 먹여야 합니다.

부족해!!

또 그의 패거리를 찾아내 모두 파면하도록 하라!

명을 받들 겠나이다!

아합마는 죽고 그의 조정 패거리 714명은 모두 파면되었다. 아합마의 시체가 버려지자 백성들이 다투어 경축하느라 대도의 술이 사흘 만에 바닥이 날 정도였다.

쿠빌라이가 일본 원정에 실패하다

1275년, 쿠빌라이는 예부시랑 두세충, 병부낭중 하문저 등을 일본에 보내 우호 관계를 맺고자 했으나 가마쿠라 막부의 호조 도키무네에게 참수 당하고 말았다.

1280년, 두세충 등이 살해됐다는 소식이 원에 전해졌다.

양국 왕래에 사신을 죽이는 법은 없다!

이는 일본이 우리를 안중에 두지 않는단 뜻이다!

신이 일본을 평정하여 두 대인 등의 원한을 갚겠습니다!

홍다구, 네 뜻은 가상하다만……

신이 고려인 이라 믿지 못하 시는 겁니까?

그것 때문이 아니니 오해 하지 마라.

일본은 섬나라 라 수전이 불가피 한데 육군 장수인 그대가 당해 낼 수 있겠느냐?

남방 수군의 실력이면 능히 일본을 무찌를 수 있습니다.

흔도의 말이 옳다.

범문호, 10만 한군을 이끌고 일본을 공격하라!

그런데 폐하 께 두 가지 청이 있습니다.

예, 폐하!

말해라.

첫째, 신 휘하의 병력이 모자라니 군대를 증원해 주십시오.

그건 걱정 마라.

둘째, 육전에 대비해 전마를 싣고 가겠습니다.

말을 타고 수전을 한다고? 머리가 어떻게 된 것이냐! 절대 수용 할 수 없다.

1281년, 쿠빌라이 는 만반의 준비를 갖추고 일본 원정 을 명했다.

짐은 두 부대로 나누어 일본을 공격할 생각이다.

한 부대는 홍다구, 흔도가 사령관이 돼 고려의 합포에서 대마도를 공격하고

다른 부대는 범문호가 대장이 돼 경원에서 바다를 건너 평호도를 취하라.

일본을 점령한 후에는 말썽이 일어나지 않게 절대 무고한 학살을 금해라!

예!

또 전쟁 기간에는 일치단결해 내분을 일으키지 마라.

우린 이미 대마도와 일기도를 점령하고 준비를 마쳤는데 범문호는 왜 이리 늦는 거요?

그러게 말이오.

범문호가 도중에 폭풍을 만나 시간이 지체되는지도 모르잖소?

내가 보기엔 무서워서 도망간 것 같은데.

헤~

범문호의 별명이 '긴 다리 장군'이라 남들보다 빨리 달아났을지.

범문호는 수군 출신이라 수전에 능한 사람이오.

누가 알겠소?

아군은 군량이 부족해 범 장군이 오지 않으면 끝장이오.

그럼 철군 외에는 달리 방법이 없는데.

범 장군의 대군이 도착했습니다!

드디어 왔구나!

이들 장수는 해상에서 합류해 일본 공략에 대해 논의했다.

폐하가 아랄한에게 동행을 명했는데 출발 전 그가 갑자기 병사하고 말았소.

그래서 아탑해에게 대신 동행하라고 명했소.

아탑해가 그런 사람일 줄이야!

그런데 아무리 기다려도 오지 않아 그를 놓아두고 출발한 것이오.

그리된 일이었군요. 난 또 그대가 무서워서 도망간 줄 알았잖소?

무슨 그런 말을!

흥, 사람을 면전에 두고 놀리다니. 두고 보자!

범문호는 보복할 생각에 홍다구, 흔도가 제안한 공격 노선을 모두 거부했다. 양측이 해상에서 한 달 넘게 티격태격하는 통에 평호도 공격은 계속 늦어졌다.

팔딱~

범 장군, 최근 기괴한 현상이 자주 일어나고 있습니다.

바닷물에서 유황 냄새가 나는 게 태풍이 곧 올 것 같습니다.

장희, 별것 아닌 일에 호들갑 떨지 마라. 바다 밑에 온천이 있어 유황 냄새가 나는 건 지극히 정상이다.

하지만 물고기가 이유도 없이 물 위로 튀어 오르는데 이상하지 않으십니까?

그건 물고기가 우리 군을 흠모해 특별히 인사를 하는 것이다!

하하

이건 모두 태풍이 불 징조가 분명한데…

162

결국 원군은 태풍을 만나 배가 모두 뒤집히고 범문호는 가까스로 목숨을 건졌다.

미리 육지에 영채를 차리고 배를 잘 묶어 두었어!

제가 태풍이 온다고 미리 말씀드렸는데도 듣지 않으시더니……

하늘이 노한 건 일본을 공격하지 말라는 뜻이다. 철군하도록 하자!

공격도 안 하고 철군이라고요?

전선은 태반이 부서졌고 병사들도 사상자가 많아 끝까지 버티면 죽음을 자초하게 된다.

돌아갈 길이 없으니 죽을 각오로 싸우면 이길 수도 있습니다!

갈수록 태산이군.

싸우려면 너희들이나 싸워라. 난 헛되이 죽긴 싫다.

164

이에 범문호는 수하들을 버려둔 채 홀로 원나라로 귀국했다.

신이 평호도로 진격할 때 갑자기 태풍이 불어서 그만……

신은 잔여부대를 이끌고 계속 싸우려 했지만 수하 장병들이 모두 달아났습니다.

이는 네 탓이 아니다. 돌아가 푹 쉬도록 해라.

감사합니다, 폐하!

난 싸움 실력은 안 되지만 허풍 떠는 수준은 최고라니까.

큭 큭

하지만 범문호의 거짓말은 오래지 않아 탄로가 났는데…

저는 범 장군 휘하 사병 우창이라 합니다. 태풍이 지나간 후 범 장군이 우릴 버리고 혼자 국내로 도망쳐서…

엉 엉~

사병들 태반이 일본에 포로로 잡혀 한족과 기술자만 살아남고 모두 죽임을 당했습니다.

저는 한족이라 노예로 팔려갔다가 겨우 도망쳐 나왔습니다.

범문호 이 죽일 놈이 날 속였구나!

용서 못 해!

화가 난 쿠빌라이는 당장 범문호를 파면했다.

이 일본 원정 실패 후 원은 더 이상 일본 정벌에 나설 엄두를 내지 않았다.

166

마르코 폴로와 『동방견문록』

1275년, 이탈리아 상인 니콜로 폴로는 동생, 아들과 함께 교황의 친서를 가지고 원의 도읍으로 가 쿠빌라이를 알현했다.

저는 이탈리아 상인 니콜로 폴로이고

왼편은 제 동생 마페오 폴로, 오른쪽이 제 아들 마르코 폴로입니다.

교황이 친서와 예물을 폐하께 전하라고 하셨습니다.

매우 윤기 나고 투명한 것이 수정은 아닌 듯한데……

이탈리아의 유리구로 수정 보다 많이 쌉니다.

재미있는 젊은 이구나. 너희들은 이곳에 오래 머물며 짐에게 이탈리아 얘기를 들려주어라.

감사합니다. 폐하!

이렇게 멋진 궁전은 처음이에요. 꼭 천국에 온 것 같아요!

마르코, 기뻐하긴 아직 이르다. 우린 이 나라를 전혀 모르잖니?

168

이 나라 황제는 아주 온화하던데요. 전설처럼 무섭지도 않고요.

저 아일 어찌 말리누!

네 부친과 삼촌은 상인 이라던데?

페르시아 상인에게서 이곳의 상업이 발달했다고 들었습니다.

그래서 아버지와 삼촌이 오기로 결정 했고요.

맞습니다.

네 부친과 삼촌은 여기서 벼슬할 생각이 있느냐?

글쎄요? 장사밖에 모르는 분들이라……

알탈소는 상인을 관리하는 기관이다. 네 부친과 삼촌은 상인이니 그 직책에 딱이다.

알탈소는 고리대 상인을 전문으로 관리하는 기구인데, 우리가 고리대업에 종사하다니요?

아, 그래요?

음...

우리가 가져온 보석은 어디서나 쉽게 볼 수 있는 것이라 팔기가 쉽지 않다.

알탈소에서 관원들과 친분을 맺으면 이 보석을 팔 수 있을지도 모른다.

형님은 정말 영리하십니다. 그럼 내일 알탈소로 가 보죠.

야호! 좀 더 머물 수 있겠다!

역참은 오래 머물기 불편하니 집을 사서 편히 지내도록 하자.

쿠빌라이는 이 외국인들에게 흥미를 느껴 자주 마르코 폴로를 불러 담소를 나누었다.

네 부친과 삼촌은 관리가 됐는데 너는 여전히 평민이라 불만이 없느냐?

전혀요!

저는 매일 도성의 명승고적을 유람하며 알차게 보내고 있는데 불만이라니요?

기왕 여행을 좋아한다면 당당하게 산천을 유람하도록 기회를 주겠다.

정말로요?

기대 설렘

너를 유자遊者로 임명하니 전국 각지를 다니며 민정을 살피도록 해라!

171

와, 정말 멋진 돌사자네.

Great!

노구교에는 총 485마리의 돌사자가 있는데 표정이 모두 다릅니다.

이 아름다운 다리를 '마르코 폴로 다리'라고 부르자!

어떠냐? 하하

기껏 설명해 줬더니만 ……

마르코 폴로는 쿠빌라이의 배려로 남방을 두루 여행하는 기회를 얻었다.

이 일대는 야생동물이 출몰하니 조심해야 합니다.

파팍

파박

대나무 타는 소리가 너무 시끄러워서 잠이 오지 않겠는걸.

이 대나무는 청죽으로 열을 받으면 큰 소리가 나면서 탑니다.

맹수들이 이 소리를 듣고 멀리 달아나죠.

이런 방법을 생각해 내다니. 너희 나라 사람들은 정말 똑똑해!

별말씀을요.

이제 마지막 목적지인 운남을 돌아볼 차례야!

폐하의 중임을 맡은 그대를 당연히 전송해야 하는데 지금 사정이 여의치 않소이다.

납속랄정 대장, 무슨 문제 라도 있습니까?

미얀마군이 진서로로 공격해와 모든 성의 경비가 삼엄하고, 지금 교통로도 모두 봉쇄돼 이곳을 떠날 수 없습니다.

그럼 저도 전투에 참가하게 해 주십시오.

너무 위험해서 안 됩니다.

전설 속의 몽고 철기군을 꼭 보고 싶습니다!

좋습니다. 그럼 저만 따라 다니십시오.

고맙습니다!

174

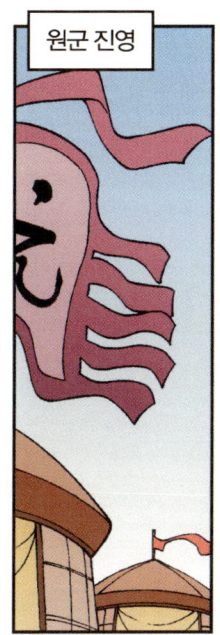

전황이 어떠하냐?

적군이 코끼리마다 갑옷을 입히고 그 위에 작은 누각을 설치해 안에서 궁수들이 활을 쏘아 댑니다.

말은 코끼리의 상대가 되지 않아.

어쩔 생각이지?

코끼리는 장애물이 없는 평지에서는 천하무적이지만 산속에서는 힘을 못 쓴다.

전장에서 20리를 물러나면 오른편은 숲이요, 왼편은 강입니다.

언제 파악해 뒀대.

175

전장을 그곳으로 옮겨 코끼리를 무용지물로 만들자.

예, 장군!

내일 미얀마군과 싸울 때 패한 척하며 그들을 유인해 일거에 섬멸해 버리자!

와와!

챙―

몽고군이 너무 강하다. 달아나자!

실력이 녹슬지 않았군

헤헤, 유럽의 검술을 여기서 써먹을 줄이야.

폴로 대인이 잘 싸워준 덕에 적을 무찔렀습니다.

뭘요. 과찬이십니다.

마르코 폴로는 수년간의 유람을 무사히 마치고 대도로 돌아왔다.

네가 조정에 돌아와 황제가 네 이름을 부를 때마다 애비는 너무 슬펐다.

기쁜 게 아니고?

그게 왜 슬픈 일입니까?

177

사람들이 나를 보면 다 마르코 폴로의 아버지라 부르고

나를 기억하는 사람은 아무도 없다.

제가 유명해진 건 좋은 일이잖아요? 그 덕분에 사람들에게 유럽과 이탈리아를 널리 알리기도 했고요.

1292년, 마르코 폴로는 쿠빌라이에게 귀국을 요청하고 1295년에 이탈리아로 돌아갔다.

훗날 마르코 폴로는 해전 중에 포로로 잡혔는데, 그의 감옥 친구인 루스티첼로가 그의 구술로 기록한 『동방견문록』을 펴냈다.

이 책의 출간으로 유럽에는 동방 열풍이 불었고, 신항로 개척에도 큰 영향을 미쳤다.

178

관한경이 백성의
억울함을 풀어주다

관한경은 원대의 가장 걸출한 극작가로 주옥 같은 희곡*을 많이 발표했다.

관 선생의 새 연극 「구풍진」이 대성공을 거두었어요.

명배우 주렴수가 공연하는데 실패할 리가 있겠느냐!

솜씨가 좋은 아낙네도 쌀이 없으면 밥을 지을 수 없습니다. 다 관 선생의 극본이 훌륭한 덕분입니다.

허허

그런가?

* 희곡戱曲
경극(京劇, 북경에서 발달한 대표적인 전통 연극)과 각종 지방희를 포함한 전통 희극을 희곡이라고 부른다. 희곡은 당대에 생겨나 원대에 전성기를 맞이했다. 원대의 희곡은 '잡극'이라고도 칭한다.

참, 저희 동료들이 재난 구호 공연을 열까 하는데 극본을 써 주실 수 있으세요?

당연히 그래야지.

누구를 위해 모금하려는 거냐?

회양에 4년간 가뭄이 들어 백성들이 고통받고 있습니다.

조정에서도 회양에 특사를 보내 문서를 뒤지며 억울한 누명을 벗겨 준다 합니다.

재앙이 들면 반드시 억울한 일이 생기기 마련이다.

한나라 때 동해에 살았던 주청이라는 효부가 생각나는구나. 주청은 젊어서 과부가 돼 아이가 없었다. 시어머니는 그녀의 청춘이 가여워 재가를 권했지만 주청은 이를 끝내 거절했지.

시어머니는 며느리가 자기를 봉양하기 위해 재가하지 않는 걸 알고 스스로 목을 매 죽었단다.

그런데 관가에서는 그녀에게 살인죄라는 누명을 씌워 참수형을 내린 것이 아니겠느냐.

그런 나쁜 관리를 봤나요?

주청이 죽은 후 동해에는 3년간 가뭄이 들었는데 억울한 누명을 벗겨 주고서야 하늘에서 단비가 내렸다.

지금의 관가와 동해 효부 고사 속 관가가 다를 바가 없습니다.

지금은 악인은 법을 어겨도 법망을 피해 나가고, 선량한 사람은 무고하게 죽어 나가는 세상이다!

울분

대체 정의는 어디에 있단 말입니까?

나는 글로써 사람이 사람을 잡아먹는 이 사회를 고발하겠다!

결단코!

왕화경, 이번에 쓴 「두아원」을 꼼꼼히 한번 봐 주게나.

새로 공연이 시작되면 관객들로 들끓겠는걸.

어디 보세~

잠깐, 이 부분은!

관한경, 자네 간이 배 밖으로 나왔구먼.

왜 그러나?

182

두아가 자백을 강요받아 사형 당했다는 얘기는

관부의 무능함을 빗댄 것 아닌가. 화가 자네에게 미칠 걸세.

내가 할 수 있는 일은 탐관오리를 극속에 넣어 진상을 그대로 폭로하는 것이네!

지금은 지식인들이 기녀만도 못하다고!

나 관한경은 관부의 횡포를 보고 그냥 지나칠 수 없네!

이 공연은 매우 위험한데 할 수 있겠느냐?

관 선생이 하신다면 이 주렴수도 따라야지요!

이 극본은 동해 효부 고사에 근거해 개편했네.

주인공의 이름만 주청에서 두아로 바꾸었지.

백성들의 억울함을 씻어 주기 위해서라도 이 공연이 크게 성공했으면 좋겠어요!

내 맘과 같구나!

하지만 사람들이 공연장을 빌려 주지 않을까 걱정이다.

공연장이 없으면 거리에 무대를 세우고 공연하면 되죠?

어쨌든 「두아원」은 반드시 공연해야 합니다!

대인, 이 두아의
억울함을 무시하고
벌하신다면 제가
죽은 후 세 자나 되는
서설이 내려 제 시신을
덮을 것입니다.

지금은
삼복인데 네 분노가
하늘을 찌른다 해도
어찌 눈이 내린단
말이냐!

관리들은 법을
멋대로 어기고 백
성들은 입이 있어
도 말하기 어려
우니……

저 두아가
억울하게 죽어
초주에 3년간 큰
가뭄이 들 것
입니다.

입 닥쳐라!
죽을 때가
되니 드디어
미쳤구나!

공연이 우리
백성들의 심정을
그대로 대변하고
있어!

185

날씨가 추워지면서 순식간에 하늘이 흐려졌어!

이제 검이 하늘에서 내려와 탐관오리를 모두 죽여 천자와 근심을 나누고 만민과 함께 해악을 제거할 것이다.

흑흑

구름이 나를 위해 검어지고 바람이 나를 위해 소용돌이치는구나.

6개월간 눈이 날리고 3년간 가뭄이 들지니……

관한경을 잡아 들여라!

전 억울합니다!

무슨 일이지?

관리들이 관한경을 잡아 가네.

무대 위나 아래 모두 억울함을 호소할 일 뿐이구나!

무슨 세상이 이래?

관아

관한경, 「두아원」에 어떤 음모가 있는지 빨리 자백해라!

동해 효부 고사에 근거해 개편한 것인데 음모라니요?

아합마 대인을 죽인 왕저가 네 희곡을 매우 좋아했다!

네엣?

네 희곡 안의 "만민과 함께 해악을 제거한다"와 왕저가 죽기 전 외친 "만민을 위해 해악을 제거한다"가 너무 닮았다!

이는 네가 왕저에게 대죄를 사주한 것이 분명하다!

관부에서 지금 왕저의 무리를 체포하는 중이라 현관이 내게 자백을 받아 공을 세우려 하는군.

어떡해서든 그의 계략에 걸리면 안 된다.

대인, 그렇게 말씀하시면 이후 협객, 열사에 관한 희극을 공연할 수 없습니다.

왜지?

이 희극들은 모두 사람들을 일깨워 탐관오리를 척살하는 것이니까요.

무엄하다. 감히 관아에서 망발을 늘어놓다니!

탁—

이 희극으로 왕저 같은 열사가 더 출현한다면 이 한 몸 죽어도 아깝지 않다!

왜 멍하니 있느냐? 빨리 자백해라!

제가 이 극본을 쓴 목적은 백성을 대표해 청원하기 위함입니다.

백성을 대표해 청원한다고?

백성이 감히 할 수 없는 말을 가사를 빌려 표현한 것이지요.

저는 백성을 대변해 하늘과 땅과 관리를 욕하고 세상 모든 불평을 욕한 것뿐입니다!

이크, 백성들이 무섭게 지켜보고 있다. 일을 크게 만들면 안 되겠어.

본관은 너와 잡담할 시간이 없다. 그만 가 봐라.

와~ 오예! 굿!

「두아원」은 원대 희곡 중 걸작으로 꼽히는 비극 작품이다. 유월에 눈이 내리는 장면은 사람들의 양심을 깨우고 불공평한 세상에 대한 한탄을 표현했으며 생동적인 생명력을 불어넣었다.

앞선 방직 기술을 전파한 황도파

원나라 초, 송강부 오니경진에 황씨 성을 가진 여자가 살았는데 어려서 남의 집에 민며느리로 팔려 가 시어머니와 남편에게 모진 학대를 당했다. 그녀는 더 이상 이를 참지 못하고 집에서 도망 나왔다.

후다닥

배 안에 몰래 숨으면 못 찾겠지……

흑흑흑…

어렴풋이 여자 울음소리가 들리는데.

섬뜩하군—

나도 들었어.

어떻게 된 일이지? 한번 찾아보자.

조심하라구.

훌쩍 ……

어라?

얘야, 넌 누군데 우리 배에 탄 거니?

192

전 황씨로 송강부 오니 경진 사람이에요.

배에 숨어 있다가 저도 모르게 잠이 들었는데 깨 보니 배가 움직여서……

그렇게 된 일이로군.

불쌍한 아이로구나.

쯧쯧

전 이제 어떡하죠?

배를 돌려 송강부로 데려가 줄까?

그건 저 애를 호랑이굴로 다시 돌려보내는 거라고.

저도 애주로 가겠어요. 송강으로 돌려보내지 말아 주세요!

부탁이에요

하지만 우리 목적지는 애주인데 생면부지인 그곳에서 저 애가 어떻게 살라고?

애주는 여족이 사는 곳이라 우리와 말이 전혀 안 통해서 사람들과 사귀기 어렵단다.

괜찮아요. 손짓으로 얘기 하면 되니까요.

좋다. 그럼 우리와 같이 애주로 가자!

애주

안녕히 가세요! 태워 주셔서 너무 고마웠어요!

부디 몸조심 하거라!

실례지만 하루만 신세 져도 될까요?

194

아, 어떻게 의사소통을 하지?

어?

꼬르륵

지금 어디 가는 거예요?

어…어?

마음씨 착한 사람을 만났어.

공밥을 먹을 순 없으니 무슨 일이든 도와야지.

이 조면기는 저절로 씨를 빼내.

이렇게 해서 그녀는 면화가 많이 생산돼 방직 기술이 발달한 애주에 정착하고 빠르게 여족 말을 배웠다.

기계가 씨를 빼낸다고요? 우리 고향에서는 사람 손으로 일일이 씨를 빼냈는데.

조면기 손잡이를 흔들면 기계 안에서 면화씨와 면화가 분리된다고.

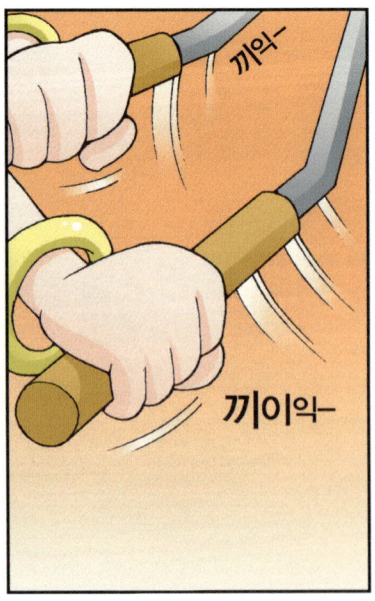

끼익—

끼이익—

끼익-

샤르르~

저에게도 방직 기술을 가르쳐 주실 수 있어요?

물론이지.

좌르륵-

쿵!

또 베를 짜는구나.

예!

그런데 베틀을 왜 발로 밟는 거니?

희한하네

이렇게 유용한 베틀을 만들다니, 정말 대단한데!

호호호

베를 짤 때 손으로 손잡이를 움직이면서 북으로 피륙을 짜려면 너무 힘들어서

손잡이를 발판으로 고쳐 손과 발을 모두 사용하니 효율이 아주 높아졌어요.

그녀는 20년 넘게 여족과 돈독하게 지내며 선진 방직 기술을 익히고 또 스스로 터득해 훌륭한 방직 기술자가 되었다.

아, 고향을 떠난 지 너무 오래됐구나.

아무래도 집에 돌아가야겠다.

1295년경, 그녀는 정든 여족 마을을 떠나 고향인 송강 오니경진으로 돌아왔다.

급히 오느라 묵을 곳도 알아보지 못했구나. 일단 도관에서 기거하자.

시간이 오래 흘렀으니 고향의 방직 기술도 많이 발전했을 거야.

199

어, 아직도 손으로 씨를 빼내네? 방직 기술이 전과 다를 바가 없어.

휴, 이거 언제 다 해.

목도 아프고 손가락도 아프고…

저런 저런ㄱ

앞선 방직 기술을 저들에게 전수해야겠다.

너희들이 쓰는 방적기는 한 번에 실을 한 줄밖에 뽑지 못하지만 이 방적기는 세 줄을 뽑을 수 있단다.

세 줄이 나요?!

좌르르

잘 보거라.

방적기에서 실이 세 줄씩 나오고 있어!

정말 신기한 방적기다!

WOW~

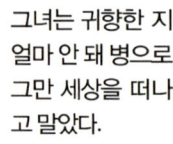

그녀는 귀향한 지 얼마 안 돼 병으로 그만 세상을 떠나고 말았다.

지금 송강의 면직물이 유명세를 타서 다들 이리로 물건을 사러 오고 있어.

이게 모두 황도파가 방직 기술을 전해 준 덕분이야.

황도파는 송강 사람의 큰 은인이라고!

맞아!

황씨 성을 가진 여성의 이름은 전해지지 않고, 그녀가 도관에 거주했기 때문에 '황도파'라고 불렸다. 사람들은 그녀를 기리기 위해 선면사先綿祠를 지었다.

송강의 면방직업은 그녀 덕분에 점점 발전하여 천하제일이라는 영예로운 칭호를 얻었다.

영종이 시해당한 '남파의 변'

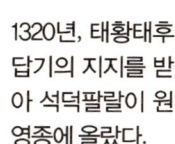

1320년, 태황태후 답기의 지지를 받아 석덕팔랄이 원 영종에 올랐다.

그는 어려서부터 유가 교육을 받아 한족 문화에 관심이 많았다.

폐하는 이제 무슨 일이든 이 할미에게 재가를 받으세요.

제가 무슨 일을 하면 될까요?

조정의 노신들이 이 할미에게 늘 반대하니 그들을 파면하세요.

그러면 조정 업무는 누가 맡습니까?

이미 후임자를 물색해 놓았습니다. 이건 할미가 뽑은 명단입니다.

부득이한 경우가 아니면 조정 중신을 내칠 수 없습니다.

황조모의 요구를 만족 시키지 못한 불효를 용서 하십시오.

이 사람들은 모두 할머니의 심복이야.

의견이 다른 대신을 모두 제거하고 조정을 독점할 생각이군.

방금 전에는 두말없이 응낙 하더니 왜 갑자기 말이 바뀝니까?

이 손자가 우둔하여 황조모의 호의를 잘 모르 겠어서요.

이런 불효 막심한 것! 내가 아니었으면 네가 황제에 오를 수 있었겠느냐?

혈압 올라

영종은 황권을 되찾기 위해 답기의 사람들을 차례로 제거하기 시작했다.

최근에 탐관오리들을 많이 잡아들였다면서요?

소식도 빠르군.

설마 그런 놈들을 위해 용서를 구하실 생각입니까?

그들이 일부러 잘못을 저지르지 않았고 폐하는 너그러우시니 그들을 풀어주시지요.

법률은 천하의 공기公器인데 멋대로 바꾸면 사직이 흔들립니다.

이들이 황조모의 측근이 아니었다면 이렇게까지 용서를 구했을까요?

정곡-

205

철목질아, 내가 손자 놈 때문에 곧 속이 터져 죽을 것 같다!

진정 하십시오. 태황태후.

덕에 폐하가 제위에 올랐다는 사실을 잊지 마십시오.

태사, 그게 무슨 뜻인가?

그를 제위에 앉혔으니 당연히 쫓아낼 수도 있다는 말입니다.

내가 왜 그 방법을 몰랐을까? 참 똑똑하구나.

헤헤.

안왕 올로사 불화가 주관이 없고 나이가 어려 말을 잘 들을 것입니다.

황궁

배주, 무슨 일인데 이리 허둥대느냐?

태황태후와 태사가 안왕을 제위에 앉히려 반란 모의를 꾸민다고 합니다!

헉—

이 모의에 누가 가담했느냐?

여기 명단이 있습니다.

하지만 손자가 할머니를 죽이는 불효를 저지르면 비난 여론이 거셀 텐데.

207

태사가 모반을 계획하고 태황태후가 내응을 책임졌을 테니 태사를 잡아들이면 태황태후도 공모했다고 자백할 것입니다.

좋은 생각이 났다. 철목질아를 죽이지 않으면 황조모가 연루될 일은 없을 거야!

영종은 태황태후와 철목질아를 제외하고 이 반란에 가담한 자를 모두 처형했다. 영종에게 죄를 받을까 두려워한 철목질아와 태황태후는 매일 불안에 떨며 살다가 병으로 급사했다.

세조 황제 이래로 우리 왕조는 40년 동안 태묘에 제사를 올리지 않았습니다.

짐이 길일을 가려 태묘에 제사를 드리러 가야겠다.

제사 의식은 한족과 몽고 중 어느 제도를 따르시겠습니까?

제사 의식은 한족이 제정했으니 한족 제도를 따라야 한다.

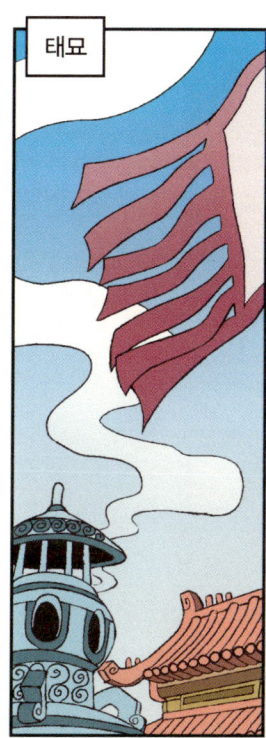

태묘

폐하는 절을 올리십시오!

절 한 번, 절 두 번, 절 세 번……

이마가 깨질 것 같구려.

얼얼~

제사에서 허리를 구부리면 됐지, 왜 머리까지 조아 리라는 건지, 원.

복잡해~

한족의 제사 의식을 따르다 보니 번거로워 죽겠소.

폐하가 한족 것이라면 너무 좋아한 다니까.

며칠 전에는 유학으로 나라를 다스린다고 한족 유생을 대거 기용 했잖소?

이러다가 몽고가 한족화 되는 건 아닐런지?

그럴 가능성이 높소.

만일 북위 효문제 처럼 우리에게 한어 를 쓰고 한족 의복을 입으라고 하면 몽고족 도 선비족처럼 사라 질지 모르오.

어찌하면 폐하를 막을 수 있겠소?

폐하를 막기란 불가능 하오.

폐하가 돌아 가셔야 치국 정책을 바꿀 수 있소이다.

그게 어디 말처럼 쉽겠소?

지휘사가 움직 인다면 성공 확률이 얼마나 될까요?

몽고족이 역사 속에 사라지는 걸 눈 뜨고 그냥 볼 수 만은 없어.

황궁 보위의 전권을 쥔 지휘사라면 십중팔구 가능할 것이오!

철목질아의 양아들인 철실은 폐하가 그의 부친을 죽였다고 여기고 있소. 중요한 건 철실이 바로 지휘사란 것이요!

신은 우리 편!

잘됐구려. 철실을 찾아가 도움을 청해 보겠소.

철실의 집

요즘 대신들이 정변을 꾸민다는 얘기가 떠돌던데?

움찔─

철실 대인, 이는 다 나라 사직을 위한 일입니다.

하핫─

내가 폐하에게 밀고할까 두렵지 않소?

그럴 리가요?

며칠 전 폐하가 철목질아 대인의 죄증을 더 찾아내 그의 잔당 체포령을 내렸습니다. 지휘사는 철 대인의 양아들이라 재난을 피하기 어려울 겁니다.

음, 내 목숨을 부지하려면 황제를 반드시 제거해야겠군.

마침 여름이 돼 영종은 피서를 가는 도중 남파南坡에 머물렀다.

남파 지방은 너무 아름다워서 떠나기가 아쉽구나.

룰루랄라~ ♪

으악!

배주, 왜 그러느냐?

배주는 이미 죽었다. 내 칼을 받아라!

뭐 하는 짓이냐?

으악!

1323년, 원 영종이 남파에서 철실에게 피살될 때 나이 겨우 21세였다. 이 정변을 '남파의 변'이라 부르며, 원이 성세에서 쇠퇴기로 접어드는 전환점이 되었다.

탈탈이 대의를 위해 큰아버지를 제거하다

1333년, 원 순제順帝가 즉위한 후 승상 백안이 정권을 장악했다.

승상의 운명이 상서롭지 않습니다!

그래, 무슨 괘가 나왔느냐?

당신은 한족의 손에 죽게 됩니다!

뭐라고?

그렇다면 가증스런 한족 놈들을 다 죽여 버리겠다!

폐하, 한족들이 모반을 일으켜 송을 복원하려고 합니다.

장·왕·유·이·조이 다섯 성의 한족들을 모두 죽여야 천하가 태평해집니다!

그들을 다 죽이면 다른 한족들이 반란을 일으키지 않겠소?

다른 한족들은 두려워 반란은 꿈조차 꾸지 못할 것입니다!

짐은 백성을 자식처럼 아껴야 하는 황제란 말이오. 그런 일은 절대 할 수 없소!

No!

216

승상이 우리 한족을 다 죽이려 한대.

전생에 한족과 원수를 진 게 분명해. 그렇지 않다면 날마다 우릴 죽일 궁리를 하겠어?

이렇게 가다 간 백성의 반란에 부딪히게 될 거야.

하남의 산주는 이미 반란을 일으켰다고 해.

소근 소근

정말?

아버지, 산주·혜주·민장 등지의 한족이 반란을 일으켰습니다!

탈탈, 한족이 왜 우르르 반란을 일으킨 게냐?

큰아버지가 다섯 개 성씨의 한족을 다 죽이려 한다는 소문이 퍼진 후 벌어진 일입니다.

형님이 너무 경솔했구나.

마찰아대

큰아버지가 권력을 멋대로 휘두르니 폐하가 이를 방치할 리 없어요.

권력을 잃는 순간 우리 집안은 끝장이라고요!

우리가 먼저 큰아버지의 행동에 제동을 걸어야 합니다.

하지만......

난 형제의 정을 거스를 수 없다.

그럼 제가 하겠습니다!

미우나 고우나 형님은 형님

내가 오랫동안 집을 비워 형님이 널 키워 주셨다.

그런데 길러준 은혜를 어찌 저버린단 말이냐?

멈칫

천하 백성을 위해서라면 사사로운 정 따위는 버려야 합니다!

폐하가 한족을 염방사에 임명하려고 한다.

염방사는 지방 감찰직이라 권력이 꽤 큰데 한족을 앉히다뇨?

난 무조건 이를 저지할 생각이다.

궁에 들어가 이 일을 몰래 폐하에게 알려야겠다.

이후 탈탈은 백안이 꾸미는 일을 순제에게 모두 일러바쳤다.

폐하가 천리안을 가졌나, 어떻게 우리 사정을 손바닥 보듯 훤히 알고 있지?

우리 중에 밀고자가 있는 게 분명합니다!

즉시 조사에 들어가 역적 놈을 찾아내라!

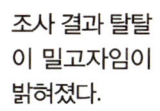
조사 결과 탈탈이 밀고자임이 밝혀졌다.

탈탈, 이 배은 망덕한 쥐새끼 같은 놈!

탁!

승상이 아끼시는 조카가 밀고자일 줄 꿈에도 몰랐습니다.

이렇게 뒤통수를…

다른 사람이었다면 단칼에 죽였을 텐데 차마 탈탈을 죽이지는 못하겠다.

끙……

짐이 더는 간신을 용납할 수 없다.

탈탈, 짐을 돕겠느냐?

드디어 때가 된 듯 하군.

신이 역적 백안을 제거해 나라에 보답하겠습니다!

고맙다!

그대는 대의에 밝은 신하로다!

백안이 내일 사냥 하러 성을 나가면

폐하는 측근을 시켜 성문을 장악하고 그의 진입을 막으십시오.

오호!

만일 병사들이 성을 공격하면 어쩌느냐?

다른 사람의 죄를 추궁하지 않으면 절대 그를 도울 리 없습니다.

신에게 무리한 부탁이 하나 있습니다.

말해라.

큰아버지가 절 키워 주셨습니다. 그의 목숨만은 살려 주십시오!

정중-

털썩

죽이지 않을 테니 걱정 마라.

감사 합니다!

나는 백안이다. 성문을 열어라!

승상을 하남 행성 좌승상에 임명하니 즉시 길을 떠나라는 폐하의 명이오!

쫓겨나더라도 성에 들어가 짐을 챙겨야 할 것 아니냐?

폐하의 뜻이라 저도 어쩔 수 없습니다.

당장 성을 공격하라!

가만두지 않겠다!

승상을 돕지 않는다면 다른 사람의 죄는 모두 사해 준다고 하셨소!

들으시오

그럼 난 안 갈래.

폐하와 맞서서 좋을 게 없잖아?

내가 널 어떻게 키웠는데 내게 어찌 이럴 수 있단 말이냐?

백성과 종족을 위해 해야만 하는 일입니다!

이 배은망덕한 놈!

폐하가 큰아버지 목숨을 살려 주겠다고 약속했으니 안심하고 길을 떠나십시오.

백안이 부임 도중 병으로 죽었대!

그거 잘됐구먼.

강남의 어떤 이가 시를 써서 그를 조롱했대!

무슨 신데?

"남인을 초개처럼 호시탐탐 노렸으나 하늘은 그 악명을 남쪽 하늘에 남겼더라."

크하하―

백안이 집권하던 시기, 갈등이 격화되었던 몽고와 한족 사이는 그가 죽은 후 탈탈이 유화 정책을 실시했지만 이미 때는 늦었다. 각지에서 잇달아 기의가 일어나 원의 운명은 바람 앞에 놓인 등불과 같았다.

홍건군이
기의하다

북위에서 발흥한 미륵교는 살인을 장려한 특이한 종교로 항상 백성들을 모아 모반을 일으켰다.

원 말기에는 미륵교와 마니교가 하나로 합쳐지면서 그 세력이 크게 확대됐다.

한편 1351년, 연일 폭우가 쏟아진 데다 둑이 터지는 통에 황하 일대에 대홍수가 발생했다.

원 순제順帝는 인부 15만과 사병 2만 명을 파견해 터진 둑을 막고 다시 물길을 파도록 했다.

유복통, 우린 매일 닭보다 일찍 일어나 개보다 늦게 자고 돼지보다 적게 먹고 노새보다 많이 일한다고.

한산동, 송 황제가 백성을 아꼈다는 말이 사실이야?

그럼. 송 황제가 있었다면 백성을 이리 쥐어짜진 않았을 거라고!

어쩐지 송이 망한 지 한참 지났는데도 사람들이 송을 그리워하더라니.

아예 우리가 송을 회복할까?

뭐라고?

하지만 모반을 일으키면 목이 달아난다고!

겁나지 않아!

날마다 물속에서 일해 다리가 다 썩었어.

죽지 않으면 다리병신밖에 더 되겠어!

난을 일으키면 다리는 멀쩡하지 않을까?

하지만 ……

내 제안을 잘 생각해 보라고.

유복통은 고민 끝에 기의를 결심하고 한산동을 찾아갔다.

한산동, 자손을 위해서라도 죽기 살기로 해 보는 거야!

기의는 애들 장난이 아냐. 좀 더 치밀한 계획을 세워야 한다고.

그럼 우리가 미륵교 깃발을 내걸고 기의하자!

그거 좋은 생각이야!

미륵불이 세상에 나오면 천하가 잘 다스려져서 밭을 갈지 않아도 식량이 풍족해진대.

호오, 그래?

풍족?

그럼 얼마나 좋을까! 미륵불이 빨리 나타났으면.

미륵불을 보기도 전에 내가 염라대왕을 만나게 생겼어.

맞아. 그날이 오기나 할까?

꼭 그렇진 않아. 외눈박이 석인이 발견되면 미륵불이 나타난다고.

230

일꾼들이 석인만 있으면 미륵불이 세상에 나타난다고 믿고 있어.

우리 계획이 착착 맞아떨어 지는데.

오늘밤에 서둘러 석인을 파묻자!

좋아!

행동 개시!

며칠 후 한 일꾼이 한 산동 등이 파묻은 석 인을 발견했다.

보라고. 이게 바로 외눈박이 석인가 봐!

정말 있네.

미륵불이 세상에 나타났으니 우리에게도 좋은 날이 올 거야!

잘됐다!

석인 등에 글자가 있는데 글씨를 아는 사람이 읽어 줄래?

내가 읽어 볼게.

석인을 외눈이라 말하지 말고, 이 신물이 나오면 천하가 뒤집어지리라.

다들 석인을 본 후 미륵불이 보우해 반란이 성공할 것이라고 말하고 있어.

길일을 택해 천지에 맹세하고 사람들에게 기의를 호소하자!

스윽-

이 사실을 밀고하면 난 큰 부자가 될 수 있어.

1351년, 한산동 등은 무리들을 모아 기의하자고 호소했다.

원에 간신이 득세해 도적이 관리가 되고 관리는 도적이 되었다!

하늘은 높고 황제는 멀리 있어 하루에도 몇 번씩 채찍질을 당하는데 어찌 가만 있을 수 있겠는가?

피로써 맹세하고 일치 단결해 황제를 몰아내자!

이제는 반란이다!

반란! 반란!

그런데 이때…

역적을 잡아라!

관병이 온다!

여봐라, 역적 두목을 잡아들여라!

흥, 한번 붙어 보자!

척ー

한산동이 관가에서 처형됐다. 다행히 그의 아들 한림아가 겨우 목숨을 부지했어.

아버지…

황제를 죽이고 한산동의 복수를 하자!

복수 하자!

원군과 싸울 때 자기편임을 알아볼 수 있도록 다들 붉은 두건을 쓰자!

꽈악-

이들이 머리에 붉은 두건을 둘렀다고 해서 '홍건군紅巾軍'이란 이름이 붙었다.

1351년, 유복통이 홍건군을 거느리고 기의하자 백성들이 속속 합류해 열흘이 채 안 돼 10만 명이나 모였다. 순제는 즉각 혁사와 독적에게 아속군*을 이끌고 반란을 진압하도록 했다.

독적, 한 잔 들게!

쨍

자, 한 잔 더 하자고.

좋지!

우리 형제가 왔으니 내일 홍건군 진영은 곡소리로 가득할 거야!

*아속군阿速軍
원나라의 정예부대로 이 부대를 구성하는 사병들이 중앙아시아의 아속 부락에서 와서 이런 이름이 붙었다.

236

원군을
초전 박살
내라!

와ー

홍건군이
너무 세다!

우리는
적수가 되지
못하겠어!

유복통이 이끄는 홍건군이 원 군에 대승을 거둔 후 각지에서 도 잇달아 반란이 일어났다.

1363년, 홍건군은 같이 반란을 일으켰 다가 원에 투항한 장사성에게 패하고 말았다. 그러나 농민 기의는 전혀 사그 라지지 않고 갈수록 더 격화되었다.

다음 권에 계속됩니다…